先代とアトツギが

知っておきたい

ほんとうの事業承継

「伝承」と「変革・適応」の教科書

（一社）日本ファミリービジネスアドバイザー協会（FBAA）編著

生産性出版

はじめに　幸せなファミリーが強いビジネスをつくる

本書で取り上げるファミリービジネスとは、創業者やその家族・子孫が、株主や経営者として長期的に事業を支え、発展させていく形の事業を示します。わが国において、また海外においても、ファミリービジネスは国の経済活動を支える主役であると考えられています。

豊田、竹中、江崎、永谷、山崎、村田、島村、野島、森永…

これらは創業家の苗字であると同時に社名、ブランド名でもあります。同様に海外にも、Porsche、Michelin、Marriot、De Beers、Mars、Levi Strauss、Heineken など、私たちになじみ深いブランド名は、創業家の苗字でもあり、これらはみんなファミリービジネスです。

「ファミリービジネス」は「同族企業」と同じ意味の言葉です。「同族企業」はいままで前近代的で、不祥事の温床であり、縁故主義がはびこる存在と考えられ、オーナー経営者は、同族企業であることを社員や関係者にできるだけ目立たないようにしようとする風潮がありました。優良な企業は株式を公開し、創業家は経営から手を引くべきであると、長い間考えられてきました。

しかし、さまざまな分野で活躍する長寿企業のほとんどは、創業家が何世代にもわたって事業を指導し、承継し、発展させてきたファミリービジネスです。それぞれの時代に、その事業が人々の信頼と支持を得てきた背景には、活力の源としての創業家の一貫した姿勢と貢献があったのです。

経営学の世界では、30年ほど前から欧米を中心にファミリービジネス研究が盛んになり、世界各国でファミリービジネスは非ファミリービジネスよりも業績が良く、持続性が高いことが証明され、それまでの経営学の考え方が覆されています。

本書では、読者のみなさんに「同族企業」をファミリービジネスとして新たな視点でとらえ直し、その豊かな資源と可能性を見出していただき、ファミリービジネスであることに自信と誇りを持っていただきたいと考えています。

「事業承継」はファミリービジネスの関係者全員が取り組むべき課題

これまで、機能的な集団としての「会社」に「家族」を持ち込むことは良くないという考えが主流でした。また、「家族」に「会社」の話をするのは望ましくないと考えられてきたことは本当に正しいことだったでしょうか？　このことも、改めて考えてみる必要があるようです。

多くのファミリービジネス経営者が、「会社は預かりものである」と言います。ご先祖様から、神様から、世の中からなど、誰から預かっているかはさまざまですが、預かりものをより良いものにして次の世代にバトンを渡していく、という考えは共通しています。しかし、「預かりもの」の考えを企業戦略や日々の活動の細部まで活かしている経営者はあまり多くはないようです。ファミリービジネスが何世代にもわたって存続、発展していくためには、それを支える創業ファミリーも、事業を支えて活力を与え続けるための強さを育み、子どもや孫の育成に真剣に取り組む必要があります。

ファミリーメンバー個人の能力だけでなく、ファミリー内の強い絆を保ち、代々大切にしているファミリーの理念、価値観を共有し、次世代に伝えていくことがファミリービジネスの長期的な発展に必要不可欠な要素です。

ファミリービジネスの研究で、たとえ事業の業績を良くすることができても、ファミリーが幸せで良い関係を保つことができなければ、それは一時的な成果でしかなく、ファミリーはいずれビジネスを支えることができなくなり、「事業の業績は悪化して元に戻ってしまうと言われています。ファミリービジネス研究者のPramodita Sharmaは、事業の業績が良い状態（豊かなポケット）と同時に、ファミリーが幸せで良い関係を保つ状態（暖かいハート）を目指すべきであり、もしファミリーの業績が悪く（貧しいポケット）、ファミリーの関係が悪い（冷たいハート）であったときには、ポケットを豊かにすることよりファミリーのハートを温めるほうが重要である」と述べています。このことは、事業の規模にかかわりなく、中小・零細のファミリービジネスにおいても大切な課題です。

ファミリービジネスの経営者は、事業の経営だけでなく、ファミリーの経営にも取り組む必要があるのです。さらに、ファミリービジネスの3つ目の要素であるオーナーシップ（株主としての役割）も視野に入れ、ファミリー、ビジネス、オーナーシップの3つの要素をバランスよく経営していくことが企業の永続性には必要です。

「ほんとうの事業承継」は、先代とアトツギだけの課題ではなく、家族、経営幹部をはじめとする関係者全員が取り組む課題です。そして、それは1回限りのイベントではなく、3代100年、7代200年と事業を継続、発展させるための営みです。

本書では、わが国のファミリービジネスの発展に貢献したいという強い使命感を持った、23名のプロのファミリービジネスアドバイザー、ファミリービジネス経営者、大学教授たちが執筆を担当します。税務、金融などのハードスキルからコーチング、セラピーなどのソフトスキルまで、多方面にわたる専門分野の執筆メンバーが、それぞれの経験に基づいた「ほんとうの事業承継」について、実務的で実践的な観点から解説していきます。

ファミリービジネスのオーナー経営者、後継者の方はもとより、社長夫人、後継者夫人、オーナー家のメンバーの方々、ファミリービジネスの非ファミリー経営幹部のみなさんにも読んでいただき、ファミリーとビジネスの新たな可能性を発見していただける内容を心がけました。

本書がみなさまのファミリービジネスの「豊かなポケット」と「暖かいハート」の長期にわたる発展の一助になれば幸いです。

2020年12月吉日

一般社団法人 日本ファミリービジネスアドバイザー協会 出版委員会

目次

先代とアトツギが知っておきたい「ほんとう」の事業承継

第3章

「アトツギ」はどう事業を引き継ぐのか

「家業×新規事業」の強みの発揮で市場を開拓せよ

第4章
オーナー家なら押さえておきたい経営の基礎

第5章
事業を円滑にする外部との上手なつきあい方

第1章

ファミリービジネスは「強く」なれる

永続的な発展のための提言

新型コロナパンデミックで気づいた企業の脆《もろ》さと強さ

２０２０年は新型コロナウイルスの感染拡大、いわゆるコロナパンデミック（ＣＯＶＩＤ-19）が世界的な問題になりました。日本では緊急事態宣言の発令後、「不要不急の外出自粛要請」「学校や映画館などの休業要請」が出され、街中を行きかう人の姿も消えました。ＧＤＰの60％を占める個人消費の落込みは激しく、その後、政府の「Ｇｏ ｔｏキャンペーン」などが導入されたものの、期待ほどの効果は得られず、飲食業、観光業、サービス業などの売上減少が進み、他の業種や大企業、経済全体に大きな影響をおよぼしています。

日本では全企業数の97％、上場企業の53％がファミリービジネスと言われ、ＧＤＰや雇用の大半を占めるファミリービジネスが今回のコロナパンデミックで大打撃を被りました。日本のファミリービジネスはコロナ以前から「大廃業時代」を迎えていると言われており、多くの企業で経営者とビジネスモデルが「高齢化」しています。そして、後継者不足などの課題を抱え、黒字経営であっても廃業せざるをえないという悩みもあった中で、コロナパンデミックは追い打ちをかけたのです。

また、日本全体の課題としてデジタル化への遅れは明らかで、多くのファミリービジネスのデジタルデバイド（情報格差）は顕著になっています。

一方、日本でも世界的に見ても長く繁栄を続ける企業の多くはファミリービジネスであり、それらの企業は幾多の戦争、地震、洪水、津波などの自然災害、疫病や飢饉《ききん》などの危機を乗り越えて生き残り、地域社会、世界経済に多大な貢献を果たしてきています。

今回のコロナパンデミックが引き金となり、浮き彫りになったファミリービジネスの脆さをまとめると、特に戦後生まれの数多くの企業は「危機」への免疫力がなく、運転資金の蓄えも少なく、非常事態への耐性は非常に低いことがわかりました。多くのファミリービジネスは、短期的な業績を追求し、中長期の視点に立った経営手法を取り入れていないことも明白になりました。

戦後、日本のファミリービジネスの多くは、やがては上場、大企業になることを目指して、一般大企業が行なっている経営手法、いわゆる「ビジネスマネジメント」を見習い、それを追求することに熱心でしたが、ファミリービジネスの良さ、強さを活かし、永続的な経営を目指す**「ファミリービジネスマネジメント」を取り入れてこなかったこと**に「脆さ」の根本的な原因があると、私は分析しています。

長く繁栄を続けるファミリービジネスに共通して備わっている強さの理由は、

・危機に際してうろたえず、どのようにすべきかを学んでおり、しなやかな再生能力（レジリエンス）を備えている。

・ファミリービジネスの3要素である「ファミリー」「オーナーシップ」「ビジネス」をバランス良く長期的な視点で適切に経営することのできる「ファミリービジネスマネジメント」能力を備えている。

日本では、ファミリービジネスの研究ははじまったものの、数年前まで実践的な「ファミリービジネスマネジメント」を指導する実務書はほとんどなく、ファミリービジネス関連の書籍は、利益をどのように処分するか、といった**「川下」**の税回りの本が中心でした。ファミリービジネスの良さ、強さを活かして「どのように競争力を上げ」「永続的な経営が行える条件を整えるか」といった**「川上」**の経営実務書はありませんでした。私は数多くのファミリービジネスの相談を受けて助言をする中で、日本のファミリービジネスには、次の特徴があることがわかってきました。

①多くのファミリービジネスのオーナー、家族、社員はファミリービジネスの良さ、強さに気がついていない。
②ファミリービジネスは、同じ失敗や過ちでつまずいている。
③オーナーは孤独であり、本当に信頼できる相談相手を求めている。
④ファミリービジネスは、適切な助言と実行で元気になれる。そして次に備えることができる。

本書では「ファミリービジネスの強みを発揮して、中長期的な事業継続をするにはどうしたらいいのか」という視点から、読者のみなさんと考えていきたいと思います。

危機対応における教訓（5カ条）とは何か

その前に、コロナパンデミックのような危機に直面したとき、右往左往しないために参考になる考え方があります。ファミリービジネスの世界的機関である「ランズバーグ・ガーシック＆アソシエイツ」がその対応策ついてまとめたもので、内容を紹介しますと、

①完璧さよりスピード

危機管理において完璧さを求めてはいけません。完全な情報が得られる前に何らかの手を打たないと

その機を逸してしまいます。対策の完全な理解は事後にのみ可能になるのです。

②ワンチーム、ワンドリーム

小規模で機能横断的なマルチレベルの危機対応チームを構成し、情報、リソースおよび決定が企業全体で効果的に共有され、優先順位づけされるように、そのチームに権限を与え、危機対応計画を実行することです。

③賢明なパラノイア

パラノイアとは、突然の環境の変化により偏執的になったり、妄想がみられることですが、こんなときも素早く、しかも慎重に行動することが大事です。また、初期の予防策が導入された後は、データを使用してそのリスクを評価し、必要な資金を準備します。危機が予想よりも長く続く場合に備えて、最も重要な活動と投資のみに優先順位をつけることです。

④アマラの法則

私たちは危機の影響を短期的には過大評価し、長期的には過小評価する傾向にあります。したがって、企業と主要な利害関係者のために、短期、長期の両方の視野で考慮する必要があります。

⑤危機

漢字の危機は「危：脅威」と「機：チャンス」から成り立ちます。次の危機に備えて、危機対応を文書化しておき、不安定な環境で生き残り、繁栄するための適応戦略を探ることです。

いざというときに、危機管理における5カ条を理解したうえで、ファミリービジネスが動揺を最小限に押さえ、行動できるようにするためはどうしたらいいのでしょうか。**「レジリエンス」——再生能力を身につけておくことが求められている**のだと私は思っています。

では、レジリエンスとは何かですが、外的な衝撃にも折れることなく、立ち直ることができる「しなやかな強さ」（参考 幸せ経済社会研究所）のことです。過去の歴史の中で日本には、この力が備わっているケースが多く見られてきましたし、それはすでに証明されています。100年、200年、300年と続いている長寿企業が、戦争、天災、疫病、地震、水害、金融危機など、さまざまな危機に際して挫《くじ》けることなく再生してきたことからも、その事実はわかります。

日本は世界一の長寿企業大国なのですが、たとえば、創業200年以上、事業を続けられている企業は世界で約9000社あると言われており、そのうちの約4000社が日本に存在しています。これらの長寿企業の中でいまだに発展し続けている企業の特徴は、経営を続けていくうえで、「危機」を「前提」としてその対処法がDNAに埋め込まれたレジリエンスを持っているという共通点があります。

そして、それらの長寿企業には、**「ファミリービジネスマネジメント」**があり、ファミリービジネスの持つ3つの構成要素である「ファミリー」「オーナーシップ」「ビジネス」を適切に運営する能力に秀でていることもわかってきています（詳細は第2章でくわしくふれていきます）。

ところで、最近、世界的に「日本の長寿（100年以上続く）ファミリービジネス」への関心が高まってきています。

新型コロナパンデミックがはじまる前年（２０１９年）の秋に、世界的なファミリービジネスの研究者であるアメリカ、ノースウエスタン大学 ケロッグ大学院教授であるイワン・ランズバーグ博士の要請により、博士と一緒に日本を代表するファミリービジネスの5社を訪問し、それぞれの創業家や研究者などの方々から直接、「危機を乗り越え発展を続ける」秘訣をお聞きすることができました。キッコーマン、サントリー、住友グループ、虎屋、金剛組の5社です。長時間にわたるインタビューを通して学んだことは多いのですが、印象に残ったのは永続性についての考え方です。

そこで**「永続性の条件」――レジリエンスのベースになるポイント**を9カ条にしてみました。

「永続性の条件」――レジリエンスのベースとなる9カ条

①創業の理念が守り、育てられ、浸透し、独自の企業文化が定着している。

②後継者の選考ルールが明確である。

③ファミリービジネスであるが、**ビジネスファースト**で家族が協力している。

④ファミリーがファミリーの役割を理解しており、勉強をしている。

⑤ノンファミリー（創業家と血縁関係のない人たち）の経営幹部を育て、活躍の場を設けている。また、時には所有と経営の分離を大胆に行なっている。

⑥イノベーションに貪欲である。

――新技術、新事業、新製品開発

――グローバル化、M&Aに積極的

――デジタル化への対応

⑦危機「クライシス」への耐久性があり、強い事業継続の意思を持っている。
⑧社員を大切にし、地域社会に配慮している。
⑨環境問題への取り組みが早く、リードしている。

ジョンソン社から学んだファミリービジネスの真髄

私は130年以上続くグローバル企業のジョンソン社に40年間勤務し、日本法人の社長、会長、グローバル本社の役員を務めてきました。この会社は、1886年スカンジナビアからアメリカに移住し、ジョンソン家が創業した、いまだ発展を続けるファミリービジネスです。

130年以上たったいまでも、5代目のジョンソンファミリーによって運営され、ジョンソン家が実質的に100%の株式を保有していますが、私はここで企業向け事業（B to B）に20年、消費者向け事業（B to C）に20年、合計40年を経営の実務者として携わってきました。

こうしたファミリービジネスに、ノンファミリーの社員・幹部として長い間かかわってきた経験の中で私が感じているのは、「ファミリービジネスは、内在する弱みを克服しつつ、強みを十分に発揮することができれば長期的に繁栄させることができる、とても優れた経営形態である」ということです。

ところが、私が会長を退任する折にご挨拶に伺った先でファミリービジネスに長年勤めたことの感謝と学びについて口にすると、「ファミリービジネスが、そんなに優れた経営形態であることをいままで知りませんでした」と、まずは驚かれました。そして、「具体的に、ファミリービジネスが繁栄するにはどうしたらいいのでしょうか」と相談されることが大変、多くあったのです。

そんな要望もあって、ファミリービジネスコンサルタントの会社を立ち上げ、『長く繁栄する同族企業の条件』（日本経営合理化協会出版局）を出版しました。当時、私は出版社からは日本で初めてのファミリービジネスコンサルタントであると言われ、それ以来、多くの企業の支援を続けてきました。その後、日本ファミリービジネスアドバイザー協会（ＦＢＡＡ）を立ち上げ、設立から理事長を務め、ファミリービジネス学会の理事も務めています。

ファミリービジネスで大切な３つの承継

本書では、**目に見える資産を「継承」**、**形がない資産を「承継」**という使い方をしていますが、いまの日本では通常、ファミリービジネスが事業承継をするときに相談するのは銀行、税理士、保険会社、M&Aの会社などです。

会社の多くは目に見える資産（土地、建物、預金、株式など）の「継承」にのみ助言をしているケースが多く、その企業の永続的な経営や発展に寄与しているのか、はなはだ疑わしい場合がみられます。ファミリービジネスの専門家から見ると、ファミリービジネスには、３つの承継が必要なのですが、それは何かと言いますと、

①家族と家庭の承継

この重要性をいままで軽視してきたのが、日本の経営でした。つまり、親の仕事を子どもが見て誇りに思える。また、親の仕事にその家族が協力をする雰囲気があり、自然に子どもたちがそれを継いでい

くような教育や指導があまりに少なかったのです。

家業を継ぐことがカッコ悪いと思われていたのは、家業を継ぐことの大切さと意義が教えられてこなかったからです。つまり、「家族（生活をともにする親や子どもの集団）と家庭（親と子どもの営みの場の団らん、教え、しきたり）の承継」が、日本のファミリービジネスの最大の課題なのです。

②資産の承継

資産には、株、預金、土地、建物、機械など目に見える資産と、会社の理念、価値観、人間関係、ネットワークという目に見えない資産があります。いずれも大事ですが、そのメカニズムとして**目に見えない資産が、目に見える資産をつくっている**ことに気づかなければなりません。

③経営の承継

経営の承継とは、引き継いだ資産を活用し、いかに新しい価値を生んでいくのか。つまり、従来のやり方や製品と市場にばかり固執するだけでなく、時代の変化にともなって新しい価値を生み出していけるかが求められていきます。多くの長寿企業は、既存事業を大事にするものの、必要以上に固執することなく、そこで育まれた技術や人脈、販売網、ブランドなどを活用しながら新しいものを開拓していきます。

つまり、こうした3つのことを大切にしながら、具体的にどのように事業を継ぎながら永続を目指すのかを考えていくのが三位一体経営であり、そのプロセスを描いたのが三位一体経営計画です。

ファミリービジネス「三位一体経営」と「三位一体経営計画」

一言でいえば、経営について「将来、10年、20年、30年先のありたい姿（ビジョン）から現在（いま）を振り返り、明日（3～5年先）を計画する」ことだと考えています。

つまり、ファミリー、オーナーシップ、ビジネスの3つ（三位一体）から見たときに、将来、どのようなファミリーでありたいのか。オーナーシップとしてはどうあるべきなのか、ビジネスとして事業をどのように発展させるのか、自分たちなりの**ビジョン**を描いてみることが何よりも大切なのです。

具体的には、1つ目はファミリーについてです。現経営者の20年後には、その家族（妻や子どもたち）がいくつになるのか。そのときに本当に経営が健全に承継できる自信があるのかを整理します。そのうえで未来から現状を振り返って、どのようにすべきかを考えます。

2つ目がオーナーシップです。会社の株式、土地、建物などの所有権をいつのタイミングで誰に継いでいくのかを考えます。

3つ目がビジネスです。20年後、30年後にビジネスが変わっていく社会の中で、お客様から支持され続けるためにはいま、私たちが持っている技術、製品、ブランドやノウハウは本当に差別化されているのか。今後も変わりゆく顧客に対して、輝き続けることができるのか。そうでなければ、自分たちが持っている特性、技術的な優位性、ブランド力、市場の占有率を活かしながら、どのようにして新しい事業なり、サービスなり、マーケットを開拓することができるのかを考えることです。

これが私の考える「三位一体経営計画」の立て方ですが、具体的な記入方法は、図表1-1を参照し

	現在	5年後	10年後	15年後	20年後
	60歳 57歳 38歳 30歳 29歳 31歳				80歳 77歳 58歳 50歳 49歳 51歳
	60% 10% 10% 10% 10% 0% 検討 検討				
	縮小傾向／活性化 衰退傾向／売却 急成長／育成 シナジー最大化 2ヵ国から10ヵ国へ 社外取締役を増強 目標設定 目標設定				
	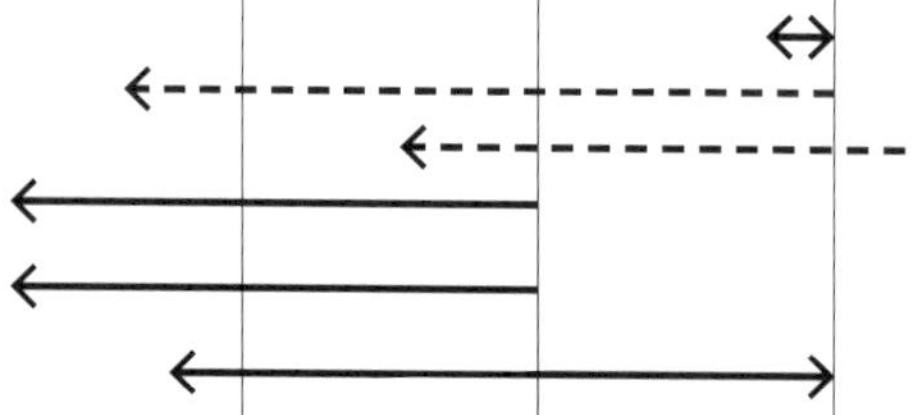				

図表1－1

ファミリービジネス「三位一体経営計画」例

ファミリービジネス3要素と各ビジョン	メンバー、重要事項	
「ファミリー」 **（ビジョン）** 理念と価値観を守り抜く役割を果たし、家族の結束を高め、一人ひとりの幸福を追求し、ビジネスファーストで事業の成功に協力し合う。	●オーナー（社長）　A ●妻　B ●長男（専務）　C ●二男（課長）　D ●長女　E ●娘婿（取締役）　F	
「オーナーシップ」 **（ビジョン）** 投資家として長期的なリターンを確保するために、絶えない事業承継を見守り、業績に貢献した幹部、社員が持続的に企業の価値向上を目指せるように、「社員持ち株」や「利益分配」などの制度を設ける。	●オーナー（社長）　A ●妻　B ●長男（専務）　C ●二男（課長）　D ●長女　E ●娘婿（取締役）　F ●経営幹部 ●社員	
「ビジネス」 **（ビジョン）** 時代の変化に適応し、常に市場のニーズを先取りし、ターゲット分野のリーダーとなり、グローバル企業を目指す。コア事業、新規事業、M&Aのベストミックスを図る。社員の育成、登用、採用を強化し、社外の眼を取り入れ、ガバナンスを強化する。	●コア事業 ●ノンコア事業 ●新事業 ●M&A ●海外進出する国の選定 ●取締役会強化 ●ESG ●SDGs	
課　題	●社長交代時期 ●後継者選抜、育成 ●株式相続 ●コア事業の強化 ●新事業、M&A事業のシナジー追求 ●進出国の決定	

てください。

三位一体経営計画を踏まえて自分たちの将来のあるべき姿を決めていけば、ファミリービジネスは、かなりの確率で永続性を期待できます。とは言え、すべてのファミリーが同じやり方でやればいいのか、そんな簡単なことではありません。

なぜなら、ファミリービジネスはそれぞれ「家庭環境」「オーナーシップ」「ビジネス」の置かれた状況が異なり、オーダーメイドの解決策が必要になるためです。ファミリービジネスは、一般的な経営論だけでは長期的に繁栄することはむずかしく、**ファミリービジネスの特性を踏まえた「ファミリービジネスマネジメント」が必要**なのです。

ファミリービジネスアドバイザー活用のススメ

さて、2020年のコロナウイルスの世界的な蔓延は、みなさんにとって大変な影響や試練を与えたと思います。また、現時点では完全に収束する時期がみえない心配があります。今回の新型コロナパンデミックの危機を機に、企業の永続性の確率を高めるファミリービジネスの永続性やレジリエンスを自社に取り入れていただければと思います。

第2章以降は、プロのファミリービジネスアドバイザーからファミリービジネス独自の考え方、経営のツボ、その具体的な取り組みなどについて紹介していくことにします。ファミリービジネスアドバイザーは、ファミリービジネスの基本的なフレームワークである「3円モデル」(「ファミリー」「オーナーシップ」「ビジネス」の3つの視点)から経営全体をみて、おのおのの企業に寄り添い、最適な解決策をともに考えることができます。

執筆にあたるみなさんは、ファミリービジネスコンサルタント、大学教授、経営コンサルタント、コーチング、セラピスト、税務・金融関係者、オーナー経営者、経営幹部、ファイナンシャルアドバイザーなど各分野のエキスパートばかりですが、共通していることは実践的なプロのファミリービジネスアドバイザーとして現在、多くの企業経営者に対して実践的な助言、指導を行なっている方たちばかりです。

彼らがそれぞれのファミリービジネスとのつきあいの中で、どんな問題意識を持ち、何を強みとし、何が企業の永続性のために大事なことと考えているのか、また、さらなる永続性のある企業になるために大事にしていること、目指していることも含めて、一つひとつみなさんの疑問について本書では紐解いていくことにいたします。

第2章は、実際、破綻した企業の実例に対して、もし、適切なファミリービジネスマネジメントの理論と手法を取り入れたなら、この企業は蘇り、いまも発展を続けているだろうという実例とフィクションのストーリー立てになっています。いまから事業承継に直面する多くのファミリービジネスに、有益な示唆を与えてくれるはずです。日本ファミリービジネスアドバイザー協会（FBAA）の理事である武井一喜氏ほか7名が中心に、「ファミリー資本」についての関連理論と実例も担当します。

第3章は、これからの時代の事業承継のあり方を「親世代」と「アトツギ世代」との時代背景の違いを対比させながら、これからの事業承継モデルと提言、そして具体的な実例を紹介いたします。FBAAの理事である馬場研二氏を中心に、ほか5名で担当いたします。

第4章は、ファミリービジネスの健全な経営に欠かせない「ファミリービジネスのガバナンス」を紹介します。ファミリービジネスの取締役会は往々にして、家族と生え抜き幹部社員とで構成され、社内の常識が社会の非常識になることがあります。

私の解釈ではガバナンスは、「誤りなきように導き、企業を発展させるしくみ」だと考えます。身内の論理を排し、中長期的に発展させるガバナンスが必要です。このためには信頼できる外部の人材に社外取締役や社外監査役として参加してもらい、客観的で厳しい監督（ガバナンス）にあたってもらう必要があります。FBAAの理事である階戸照雄氏が中心に、ほか1名で担当します。

第5章は、事業を円滑にする外部とのつきあい方です。ファミリービジネスの特性をとらえたうえで、デジタルトランスフォーメーションが進む中、IT技術をどう経営に取り入れるのか。また、税理士、ファミリービジネスアドバイザーとのつきあい方、時代の変化の中で、社員やお客様にとって大事なエンゲージメント、第三者承継となるM&Aなどについても紹介します。ファミリービジネスアドバイザー6名で担当します。

さあ、まずはファミリー資産の説明からはじめることにしましょう。

第2章

承継すべきは「ファミリー資本」

なぜ、ファミリー会議、家訓、家憲が必要なのか

この章では、ファミリービジネスを持続していくために必要なポイントは何か。事例を見ながら整理していくことにします。具体的には、ファミリー資本を次世代、次々世代に受け継ぎ、発展させることが事業承継の本質であることを解説することにしましょう。創業ファミリーの関与によってビジネスに生まれる経営資源を「ファミリネス」[1]と呼び、このファミリネスを生み出す源泉が、目に見えない資産である「ファミリー資本」です。

さらに、事業承継を、経営者の一生に1回の「イベント」としてではなく、永続するファミリービジネスの中で繰り返される「プロセス」として見ていくために100年の視野でみていくことにします。

では、次の4つの論点から説明します。

①ファミリービジネス理解のためのフレームワークを紹介する。
②ファミリービジネスの複雑さを理解し、複雑さを管理するための「ガバナンス」を考える。
③事業承継に際して、承継すべき「ファミリー資本」を整理する。
④危機と変革の関係を考える。

これらを踏まえたうえで事例として登場するのは、明治25年に創業し、4代目社長の就任直後に倒産した、名古屋の寝具製造卸のファミリービジネスです。この企業の107年の歴史を見ながら、ファミリービジネスの理解のための概念的な枠組み（モデル）から解説することにいたしましょう。

ファミリービジネスは、それぞれの歴史や業種、創業家のあり方によって、課題や解決策はまちまちで、すべてのファミリービジネスに有効な万能薬はありません。しかし、概念的な枠組みを用いて俯瞰すると、どのファミリービジネスにも共通するパターンや、世代の経過とともに現れる課題が見えてきます。これからこの名古屋のファミリービジネスの事例を通して、企業の「繁栄と永続」のための着眼点を示していきます。

図表2-1の「水谷家の家族関係」を見ながら読み進めてみてください。

明治25年創業の水谷商事

1892年（明治25年）に創業した水谷商事（旧・水谷商店）は、1998年（平成10年）に107年の歴史を閉じるまで、水谷家4代の家長が社長を務めた会社である。寝具・寝装品業界では国内売上高ベスト5に入る会社で、中部、北陸地区では圧倒的なシェアを持っていた。ピーク時の売上高180億円、従業員数300名の製造卸業である。

創業者の源五郎は、名古屋の味噌製造業の家に生まれ、幼少期に岐阜・美濃の旧家の五男として養子になる。成人して名古屋で独立、紙と繊維製品を扱う店を開く。試行錯誤の末、真綿の卸売りに特化し、大正、昭和初期には寝具製造卸業としてさまざまな新商品を開発し、名古屋、東京、大阪に店舗を持ち、全国の百貨店、小売店、さらに中国、台湾にまで販路を広げた。タオルケットは水谷商事の代表的な開発商品である。

戦時中はいったん中断を余儀なくされたが、戦後に名古屋店（社長：勇一）、東京店（会長：勇一、社長：修二）、大阪店（社長：恵三）はそれぞれ独立した会社として再開。その後、名古屋が東京を吸収合併したことでオーナー家の対立が表面化、数年間に渡る訴訟の末、結局会社側

図表2−1

家族関係（ジェノグラム）

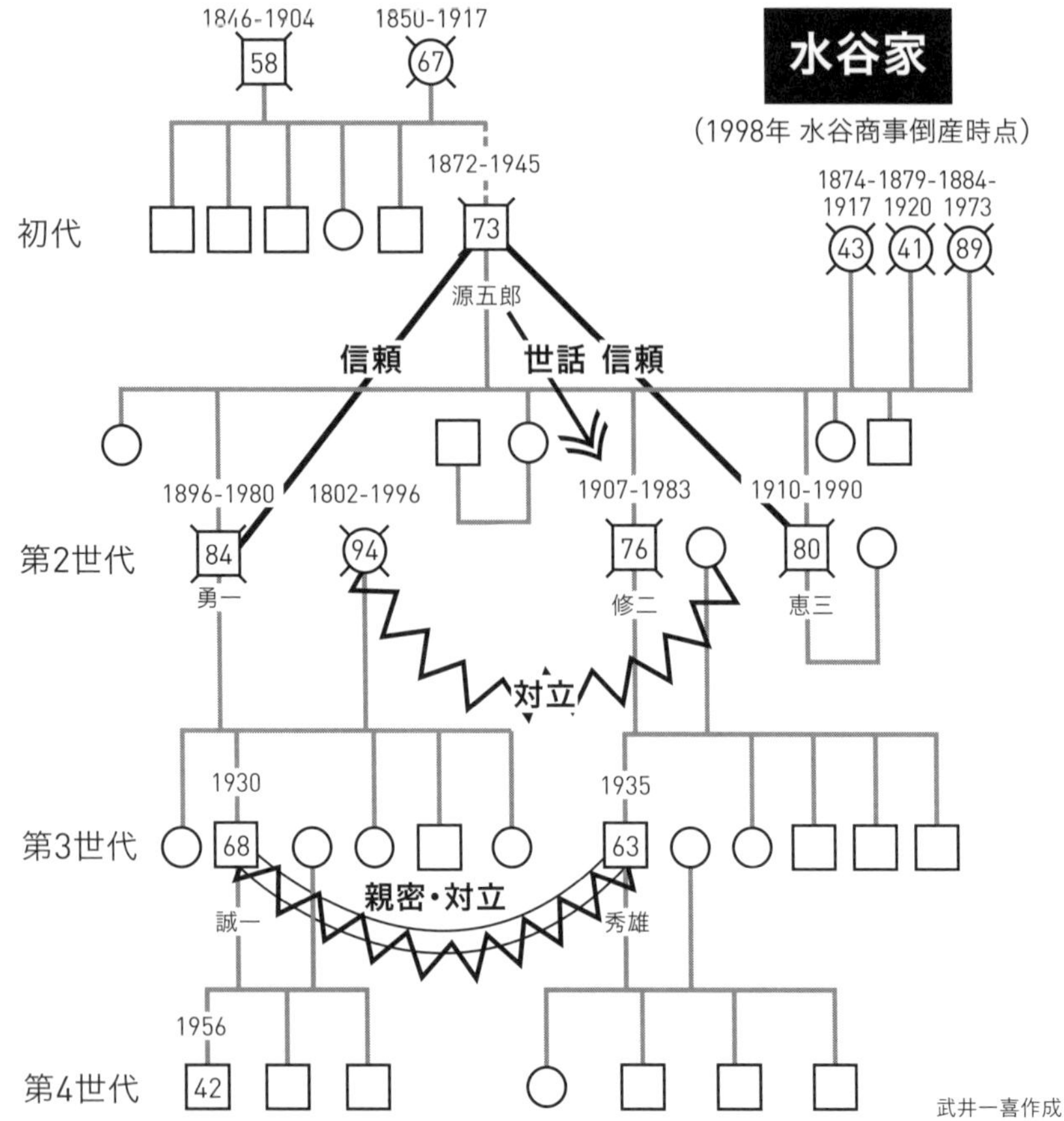

武井一喜作成

ジェノグラム（家系図）とは、援助者が利用者を中心に家族関係を理解するための図である。これによって家族の中で繰り返される行動パターンを知ることができる。

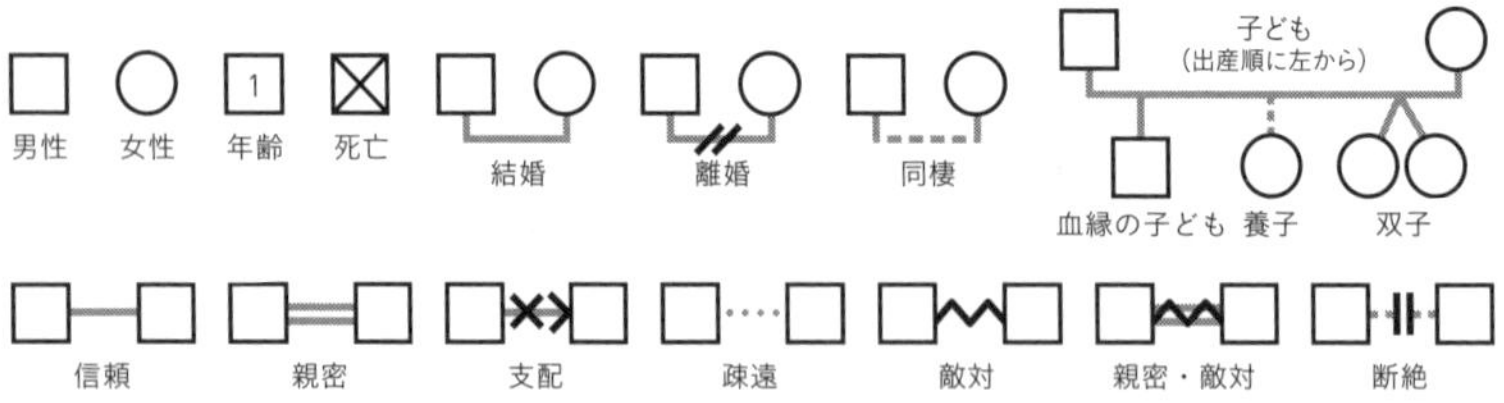

出典：『ジェノグラム（家系図）の臨床』M・マクゴールドリックほか

が敗れ多額の資金を失い、会社は弱体化する。折しも流通業界が大きく形を変え、従来の顧客が販売力を失う中で、会社は戦略的な変革を行うことができず、107年の歴史に幕を下ろすことになる。

ビジネスでは「ファミリービジネス特有の複雑さ」が強みとなる

ところで、ファミリー企業と非ファミリー企業の違いは何でしょうか。

一言でいうと、ファミリー企業の主要なステークホルダーとして、オーナー家が存在する、ということです。非ファミリー企業であれば、主なステークホルダーはオーナー（株主）とビジネス（顧客、取引先、従業員など）の関係だけで表すことができ、そこでは、株価に反映される企業価値がオーナーの最大の関心事です。経営者はその株主価値を高めることが経営の主眼となります。

わが国では、会社は誰のものかという議論がよく行われ、株主価値よりも社員の幸福を追求すべき、といった議論があります。これもオーナーシップとビジネスの2つの要素を念頭に置いた議論という意味において、非ファミリー企業における課題です。

一方、ファミリービジネスには第3の要素、「ファミリー」が加わります。ファミリーとビジネスは、まったく異なった価値基準を持ち、愛情で結ばれたファミリーの行動原理は、成果を追求するビジネスでの行動原理とは、まったく相いれないものです。この2つの相反する行動原理が交わりあっているのが、ファミリービジネスです（図表2-2）。

ファミリーの存在によって、非ファミリー企業とは比べものにならない複雑さを持ち、その複雑さがファミリービジネスの強みの源泉にもなります。また弱みの源泉でもあるという、特別な構造になっています。

図表2-3を確認してもらいたいのですが、3つの点を結ぶ線は3本です。頂点を1個増やして四角形にすると、頂点を結ぶ線は4本の辺と2本の対角線を合わせた6本になります。さらに頂点を1個増やして5角形にすると、5本の辺と5本の対角線で10本になります。

このように要素が一つずつ増えていく間に、要素同士の関係はその何倍ものスピードで増えていくのです。非ファミリービジネスと比べてファミリーの要素が多い分、管理すべき関係の数も多く、それだけファミリービジネスは、複雑なシステムであると言えるのです。

もう一度、図表2-2を見てみましょう。ファミリービジネス研究の早い段階から使われている3円モデル[2]なのですが、ファミリービジネスにかかわるそれぞれの当事者の立ち位置を表わしています。会社の利害関係者をステークホルダーと呼びますが、そのグループからの支援がなければ、組織が存続しえない個人やグループのことです。顧客、取引先、従業員、株主、債権者、国、地域社会などを指します。3円モデルは、ファミリービジネスに最も直接的な影響力を持つステークホルダーを「ビジネス」「オーナーシップ」「ファミリー」として表現しています。

非ファミリービジネスでは、「ビジネス」と「オーナーシップ」の2つの要素で語られることが一般的ですが、ファミリービジネスは、ここに「ファミリー」の要素が直接的なかかわりを持つグループとして、位置づけられていることが特徴です。

3円モデルを開発したJohn Davisらは、多くのファミリービジネスのステークホルダーを観察し、影

図表2−2

3円モデル（スリー・サークル・モデル）

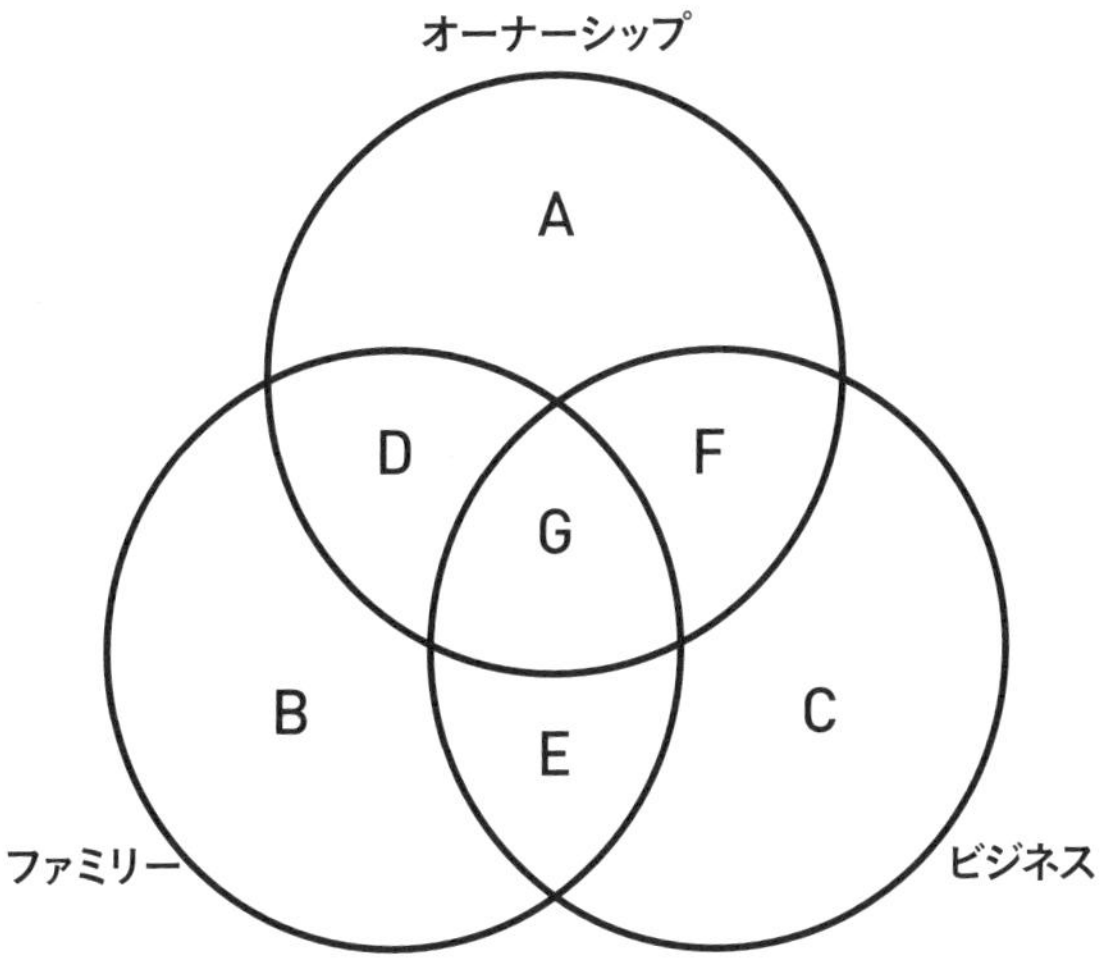

“Generation to Generation” Gersick et al. Harvard Business School Pressをもとに筆者作成

図表2−3

関係管理は関係が増えると複雑になる

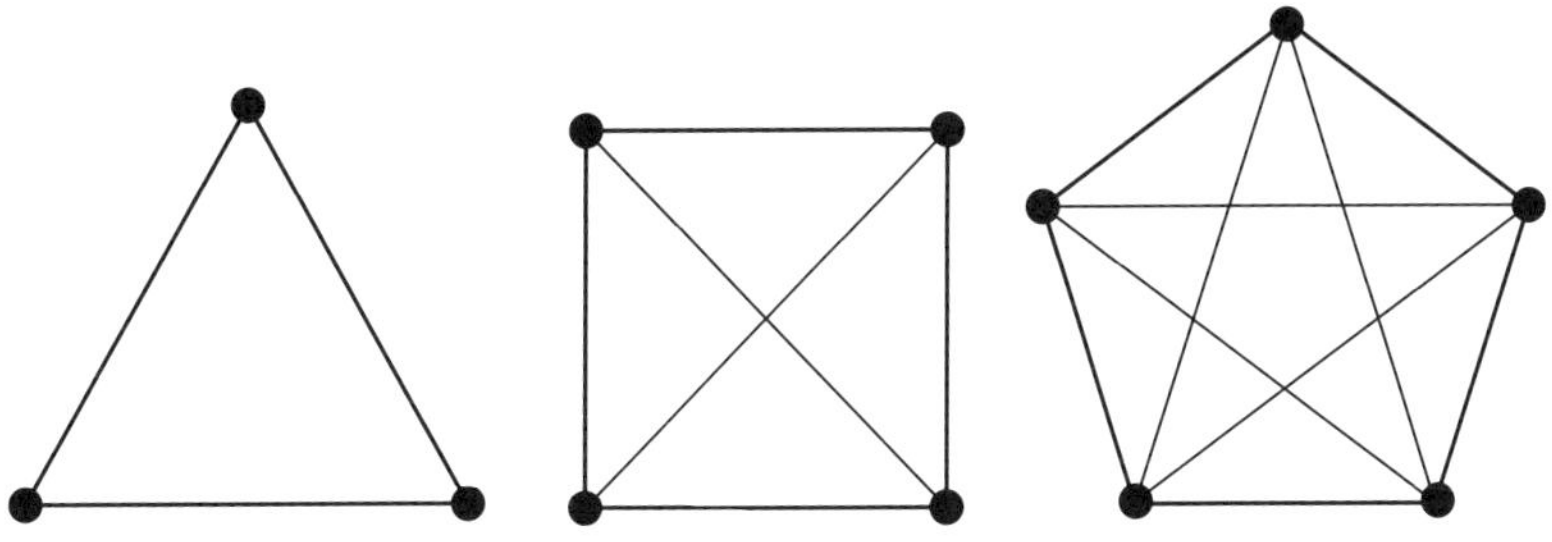

武井一喜作成

響力の強い利害関係者をその立ち位置でグループに分けてまとめています。オーナー社長なら社長としてのビジネスの立場、家長としてのファミリーの立場、そして株主、特に筆頭株主としての所有権の立場があり、その立ち位置は3つの円の中心(G)となります。

その息子の後継者は、初めはファミリーの立場のみ(B)ですが、事業にかかわるようになってファミリーとビジネスの円の重なりに立ち(E)、さらに株式を取得してオーナーシップの円にも入っていくことになります(G)。後継者と結婚した妻は、株も持たず、ビジネスにも関与しないがファミリーの円に入り(B)、3円モデルの構成員となります。

3円モデルは、同じファミリー企業の関係者であっても立ち位置の違いにより、それぞれの目的やニーズが異なることを示しています。さらに、円が重複する場所では、ひとりの中でも相反するニーズがあります。たとえば、Gの位置にいる社長は、ビジネスの長としては配当を抑制し、内部留保したいが、ファミリーの長としては一族の株主のために多く配当したい、などです。

3つの円の中でも、特にファミリーとビジネスは価値観が相反するものなのです。というのもファミリーは、愛情が基本であり、全員の平等、無条件の受容という価値観があるのに対して、ビジネスには、任務・成果が基本です。能力に基づく公平、客観的な成果による受容という価値観があります(図表2-4)。

図表2-2を再度、確認してもらいたいのですが、3円モデルの重複する位置、特にGとEの部分は、まったく違う価値観が同居する立ち位置であり、板挟みの状態にあります。このような板ばさみ状態を人類学者のグレゴリー・ベイトソンは、「ダブルバインド」と呼んでいます。言葉とは裏腹な態度など、相互に矛盾するメッセージを繰り返し受け取り、そこから逃げることも許されないような状況で起きる

図表2－4

「ファミリーシステム」と「ビジネスシステム」の違い

ファミリーシステム	ビジネスシステム
愛　情（感情）が基本	**成　果**（任務）が基本
使　命：戻る場所、安心・安全、安らぐ場所、健康と幸福感を提供。次世代を育てる	**使　命**：効果的な戦略に基づき収益性の高い製品、サービスを提供
ルール：平等	**ルール**：能力主義
受　容：無条件	**受　容**：客観的な成果による
関係性：一生涯続く	**関係性**：雇用契約に基づく
権　力：上の世代が強い。生まれ順で差がある	**権　力**：主に役職・権限と影響力に基づく

『同族会社はなぜ3代で潰れるのか？』武井一喜より

症状です。最悪の場合は、統合失調症に至ることがあります。

ファミリービジネスには、このダブルバインドにはまり込む状況が数多く存在しています。アルコール依存、ギャンブル依存、家庭内暴力など、心の健康を害するファミリービジネスが多いのも、このファミリーとビジネスの重複という構造が原因です。

いかに一時的な成功を収めたにせよ、心の健康を害したまま次世代、次々世代へと引き継がれたファミリービジネスは、必然的に弱体化し、消滅する運命をたどります。ファミリービジネスの関係者、特にファミリーメンバーにとって、ファミリーとビジネスの境界線をいかに管理するかが、長く繁栄するために重要な課題であると言えるでしょう。

水谷商事の事例では、2代目の勇一の時代には、源五郎の長男、次男、3男、さらにその配偶者もEとGの位置に入り、兄弟間の競い合いや配偶者間の対立が起きていました。

それは「大将」（当時の店主の呼び名）と「番頭」

というビジネス上の関係に、父親と息子、兄と弟の関係が入りまじり、ビジネスの場に親子兄弟、配偶者間の権力争いが繰り広げられた時代でした。

このような複雑な関係をいかに管理するかが源五郎の悩みでもありましたが、終戦後の復興の時代に、大将がすべてをコントロールする単独オーナーの形を名古屋、東京、大阪に分割して、3つのファミリービジネスとし、それぞれの分家が統治していく形で再スタートします。

ファミリーは世代交代まで40~60年単位で発展する

3円モデルに時間軸を加えた、3次元発展モデルを見てみましょう。3次元発展モデルが示すのは、ファミリー、ビジネス、オーナーシップのそれぞれのシステムが時間とともに変化する姿です。

ひとつのファミリーは、図表2-5のようにヤングアダルトファミリーから世代交代の段階まで、40~60年かけて発展していきます。さらに世代を重ねていくと、ファミリーは「核家族」「多世代家族」「ファミリーネットワーク」へと進化していきます。3次元発展モデルの開発者の一人であるKelin Gersick氏は、この進化について次のように述べています(3)。

ファミリーをピラミッド型(三角形)で表すと、ファミリーの文化は上の世代から下の世代に、世代を通じて浸透していきます。これを伝統と呼びます。シニア世代から見るとファミリーは図表2-6のように見えます。

次の世代は、図表2-7のように別の見方をします。ファミリーはネットワーク状になっていて、それぞれが自分のピラミッドをつくっています。それぞれのメンバーが自分の家族、子どもたちとピラミッドをつくり、それぞれが独自の文化を持っています。それぞれのピラミッドがネットワーク上の関係

図表2－5

3次元発展モデル――ファミリーの発展軸

1.ヤングアダルトファミリー
・親：40歳以下、子ども：18歳以下
・結婚、子育て、仕事と家庭

2.子弟参加
・親：35～50歳、子ども：10代～20代
・子どもの独立、子どものキャリアのサポート

3.親子共同就業
・親：50歳～65歳、子ども：20歳～45歳
・世代間のコミュニケーション、ファミリーの拡大

4.世代交代
・親：60歳以上
・ビジネスから引退、ファミリーのリーダーシップ交代

"Generation to Generation" Gersick et al. Harvard Business School Pressをもとに筆者作成

図表2－6

シニア世代が見るファミリー

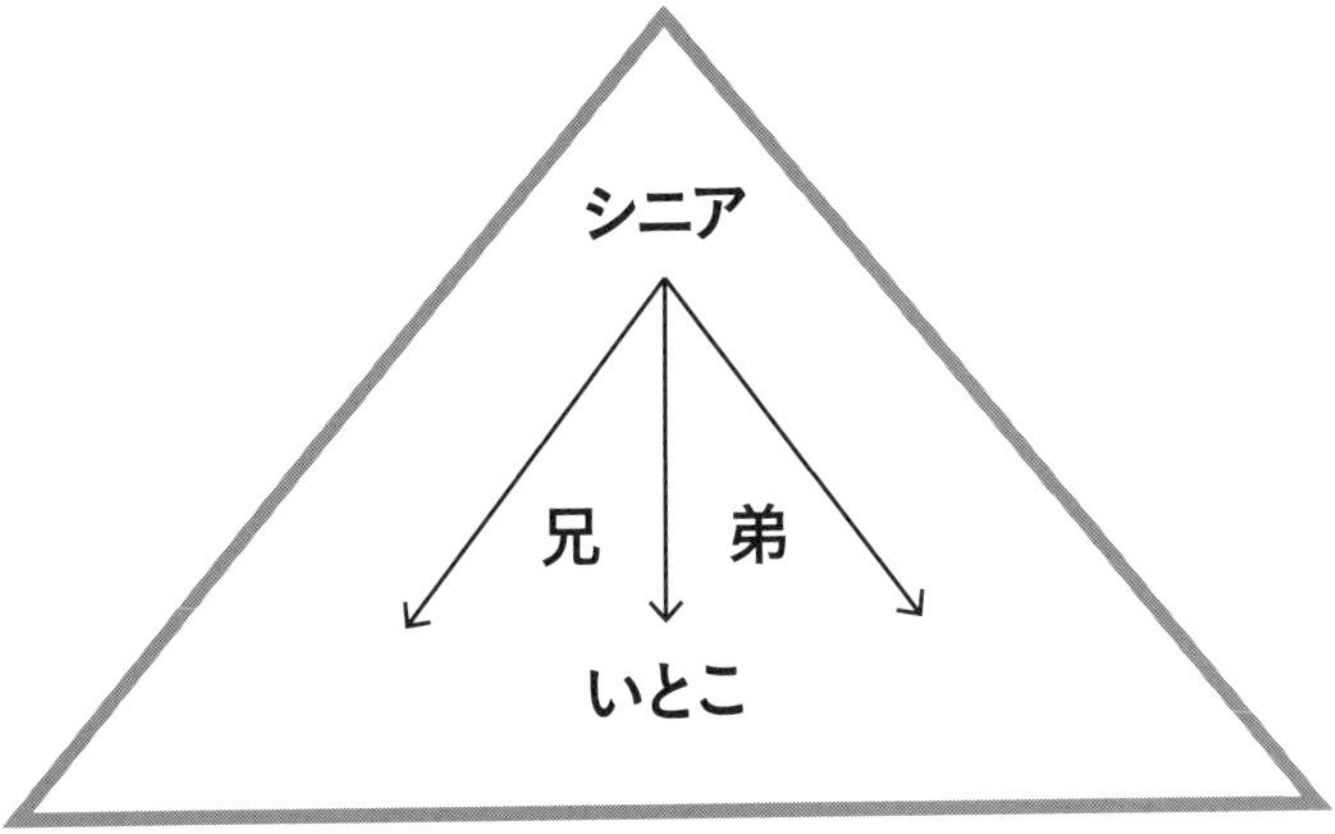

Kelin Gersick 2017年FBAA講演会より

を持ち、その中の個人のネットワークもつくります。

さらに次の世代になると図表2-8のような複雑なネットワークとなり、ファミリーネットワークと呼ぶべきものになります。このネットワークを維持する核となるもの、図表2-8ではファミリービジネス（レガシー：有形、無形の歴史的な財産の意味）と表現していますが、この核を維持しつつ、民主的なスタイルが必要になります。

各ピラミッドは少しずつ文化が異なるものですし、さらに今後は国境を越えたネットワークを持つファミリーも珍しいものではなくなるでしょう。

民主的な運営のためには、ファミリーのネットワークのあり方も、シニア世代のものとは違う形になる必要があります。このようにファミリーは、時間とともに複雑さを増すネットワークを形成していきます。

「ビジネス」と「オーナーシップ」の発展段階を把握せよ

ビジネスにも、発展のサイクルがあります（図表2-9参照）。ベンチャーとして企業家精神を発揮する「創業」段階、組織を整備してマーケットシェアを一気に拡大させる「拡大／組織化」段階、大きなキャッシュフローが見込める「安定成長」段階、そしてビジネスは「衰退／再生」段階を迎え、新たな製品、市場、ビジネスを開拓して事業を継続させる必要が生じます。

製品、サービス、市場によって、ひとサイクルの期間は違いますが、早ければ数年、長い場合でも10～20年でひとつのサイクルは終わりを迎えます。特に近年では、このサイクルがどんどん短くなってい

図表2－7

ジュニア世代が見るファミリー〈多世代家族〉

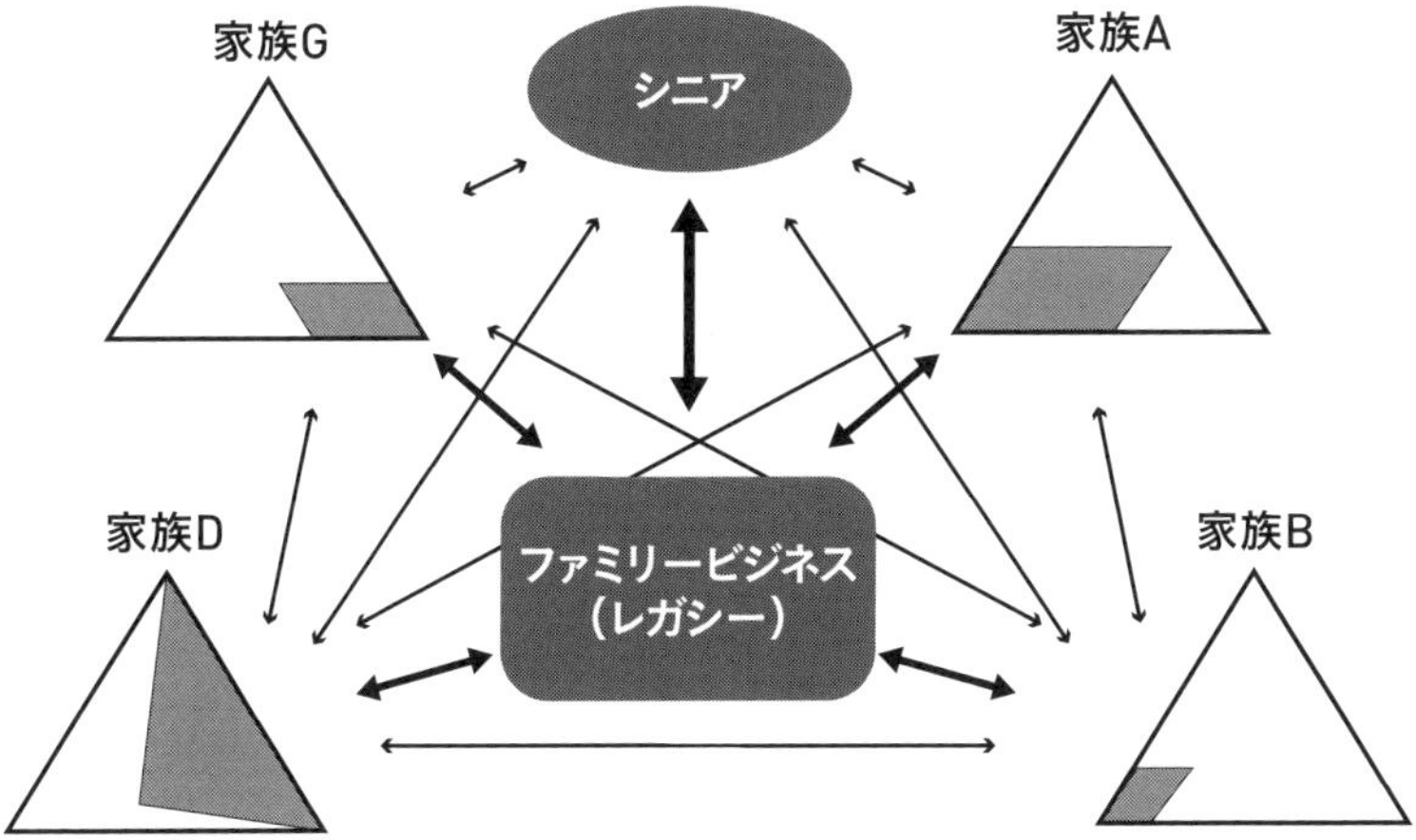

Kelin Gersick 2017年FBAA講演会より

図表2－8

ファミリーネットワーク

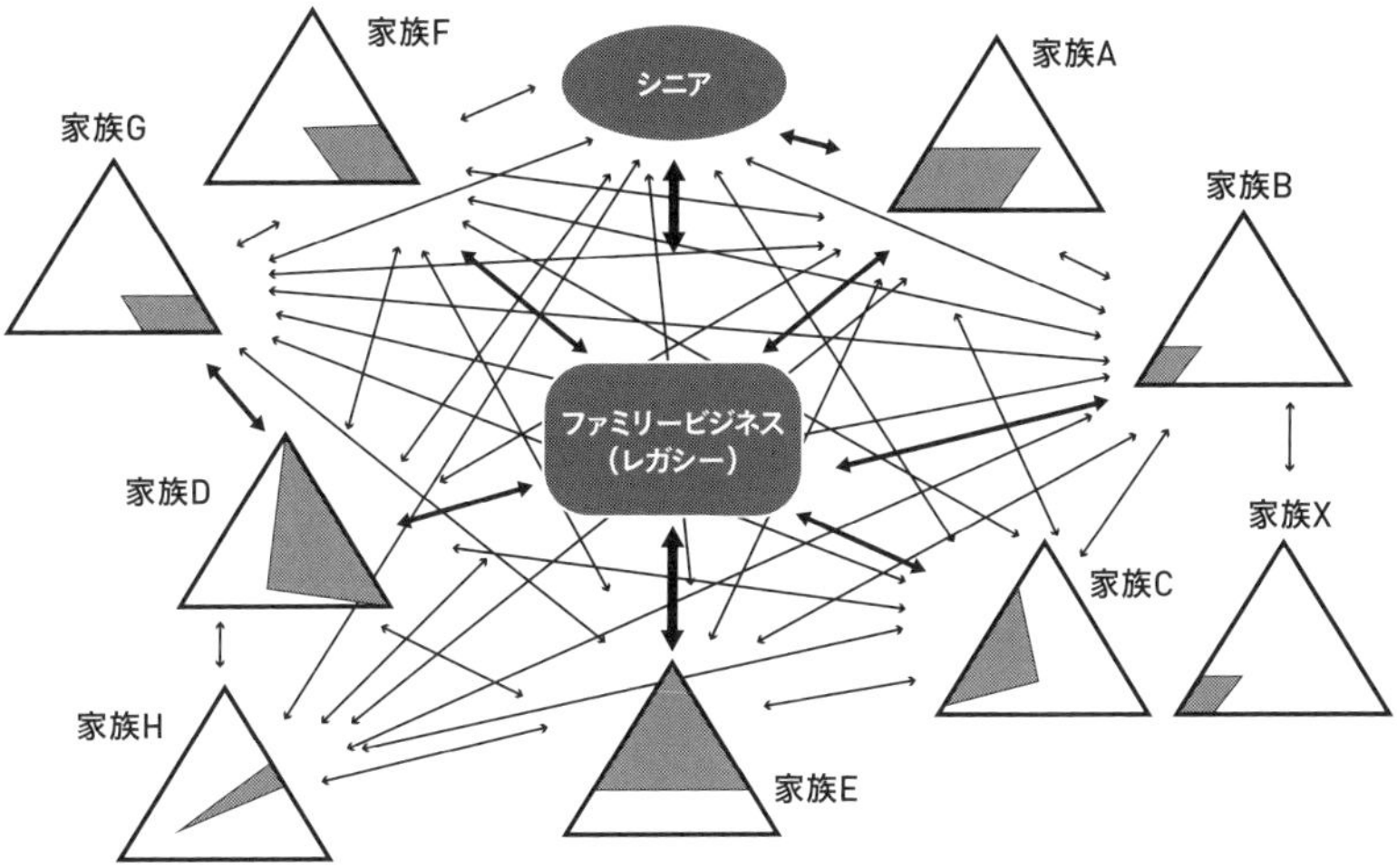

Kelin Gersick 2017年FBAA講演会より

図表2－9

3次元発展モデル――ビジネスの発展軸

1.創業
- オーナー経営者、未発達な組織
- 製品開発、単一製品
- 生き残り
（市場開拓、ビジネスプラン、資金調達）

2.拡大／組織化
- 機能化が進んだ組織構造
- 製品、ビジネスラインの多角化
- マネジメントのプロフェッショナル化
- 戦略プランニング、システム化
- キャッシュフロー管理

3.安定成長
- 安定的な組織構造
- 経営チームによる部門別運営

4.衰退／再生
- 戦略の再考、再投資、レベルの違う変化

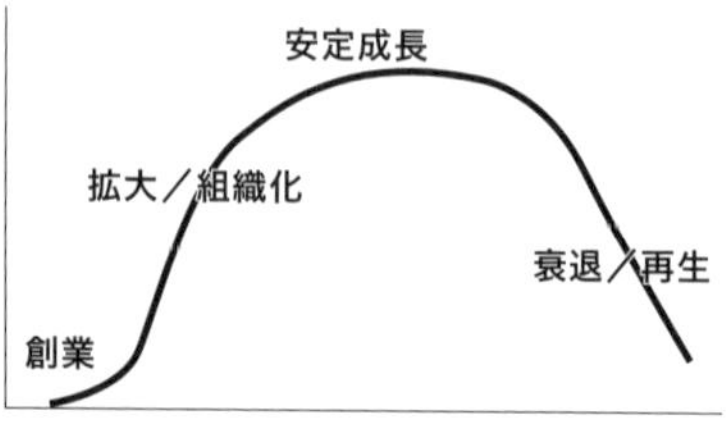

武井一喜作成

ます。

オーナーシップの発展のパターンについては、ファミリービジネスの組織原則に直結したテーマであるため、さらにくわしく見ていきたいのですが（図表2－10）、次のような段階を踏みながら成長していきます。

①単独所有

創業の世代は、ほとんどが単独所有の形態です。この形態を毎世代ごとに維持するのが、集中オーナー型です。夫婦で共同オーナーという形も一般的です。

最近は銀行借入、社債発行などの負債による資金調達ではなく、新しい株式を発行し、ベンチャーキャピタルなどから資金を調達するエクイティファイナンスも盛んになり、早い段階で親族以外の株主が参加するケースも多くなりました。

②兄弟姉妹共同所有

子どもたちのいさかいを避けるために、会社で働いているかどうかにかかわらず、株を均等に分けるケー

図表2－10

3次元発展モデル――オーナーシップの発展軸

1.単独所有

・個人、夫婦が管理
・資金調達、財産を子どもたちにどう分けるか選択

2.兄弟姉妹共同所有

・二人以上の兄弟姉妹オーナー
・同世代の兄弟姉妹による効果的な経営
・共同経営のしくみづくり、非就業オーナーの役割
・分家の派閥志向の管理

3.いとこ集団所有

・多数のいとこ同士の株主
・就業オーナーと非就業オーナーの混在
・ファミリーの資産管理のしくみを構築

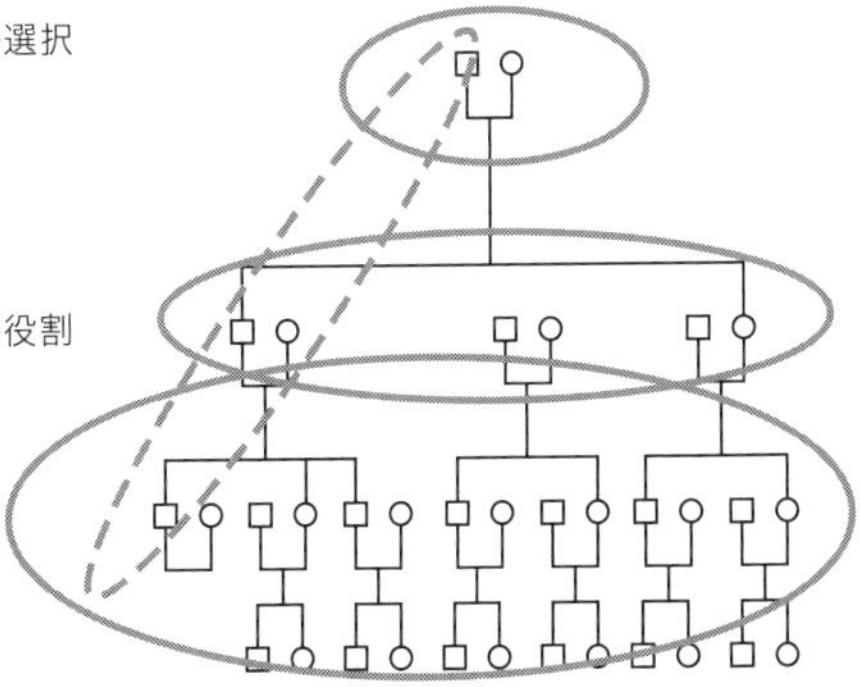

武井一喜『同族経営はなぜ3代で潰れるのか』より

スも多くあります。子どもたちを公平に扱いたいという親の気持ちを満たすことができますし、相続人の子どもに遺留分（一定の範囲の法定相続人に認められる最低限の遺産取得分のこと）として、均等な相続財産を保証する民法の精神にもマッチしています。

　このように会社の株を相続した場合、兄弟姉妹共同所有の段階になります。この段階になると、いかに兄弟姉妹がコミュニケーションをとりながらチームワークをよくしていくか。あるいは、分家の派閥争いが起きないために何をしていくのか、というようなことがテーマになってきます。

　ビジネスの使命感や株主としての責任・義務を伝えることなく、単独所有を遺産分割で子どもたちに分けてそのまま放置した場合、多くのケースで兄弟姉妹の所有者はお互いに株主としてのコミュニケーションをとることがなくなります。ビジネスに無関心な株主を増やすことになり、将来の大きな不安材料になります。

③いとこ集団所有

さらに次の世代は、従兄弟同士で株を持ちあうことになります。第3者への分散を防ぐため、子どもがいない家族から株を買い上げるなどの対策も必要になります。また、中には急な資金が必要になり、株を買い取ってほしいという人も出てきます。そのようなときにどう対応するのか、いくらで買い取るのか、というルールがこの段階には必要です。

④ファミリーダイナスティ

さらに4世代目になると、はとこ同士の株主になります。中にはお互いの顔を見たことがない、話をしたことがない株主もいます。共通の曽祖父母を持つという関係ですが、祖父母の記憶があっても、曽祖父母を記憶している人は、ほとんどいないでしょう。多くの場合、祖父母を共有する血縁関係者を親族と受け止めるのですが、曽祖父を中心とするつながりは、身近に感じにくい関係です。

後で説明するファミリー評議会などの取り組みなくしては、一族の意思を統一し、オーナー集団としてビジネスの発展に対する強い決意を維持、育成することは困難な段階です。また、分家の数が増えた場合、分家の長が分家を代表して株主となる、分家集団所有の形態も見られます。

ファミリーの株主は、経営に参加する「経営型オーナー」、社外役員やファミリー評議会メンバーとしてガバナンスに従事する「統治型オーナー」、会社に配慮し、必要に応じて支援する「支援型オーナー」、情緒的な関心を持たず、配当などの経済的な利益だけに関心を持つ「投資型オーナー」のタイプに分かれていき、ビジネスへのさまざまな期待やかかわり方が生じ、この意味でも複雑さが増大します(4)。

ファミリービジネスの複雑さを管理する2つの戦略

ファミリービジネスの強みを発揮するためには、その複雑さをいかに管理するかがポイントです。複雑さは「ビジネスの発展」と、「ファミリーの発展」の側面があり、世代を追うごとに複雑さが増すことになります。この複雑さの管理には、２つの戦略があります。

①単独オーナー型――毎世代単独所有を維持し、代々広がるファミリーの枝を剪定《せんてい》することで複雑さを抑える。

②分散オーナー型――毎世代株を分散させながら、複雑さをできるだけシンプルに管理できるしくみをつくる。

①は多くの日本のファミリービジネスがとっている戦略です。株は後継者が集中して相続し、事業に入らない子どもたちには、ほかの財産を相続するという単独所有を毎世代繰り返す戦略です。

長所は何と言っても、ルールがシンプルであるということでしょう。ステークホルダーを減らすことで、内部分裂や崩壊のリスクを避けられます。誰にとってもわかりやすく、次のオーナーが誰であるかはすべての人にとって明確です。

短所は、個人の持つ権限と能力に頼るものであるため、後継者の能力不足、事故や経営環境の急変に対する脆さを持つ戦略であるということです。

長男が必ずしも優秀であるとは限りません。ある優秀なファミリービジネスでは、「たとえ長男が無能であっても、他の者は長男を助け、家長として尊重せよ」という創業者の言葉を家訓として、代々伝えています。

②はステークホルダーが増えることによる複雑さを維持しつつ、「管理されない複雑さ」から「管理された複雑さ」へ向かう戦略です。個人の資質（リーダーシップ）をガバナンス（組織や社会に関与するメンバーが主体的に関与を行う意思決定）に置き換える戦略でもあります。分散オーナー型を志向する場合には、欠かせない戦略です。

長所は、一族の中から最も優秀な者をビジネスリーダーとして選ぶことができる点でしょう。さらに、単独オーナー型では、他のファミリーメンバーは、ビジネスからの配当金などビジネスの成果を手にしにくいのに対し、分散オーナー型ではファミリー全体にその機会を提供し、ビジネスに対するファミリーの長期的な支援を担保できる点にあります。

分散オーナー型をより強いものにするためには、ファミリーのガバナンス機関をしっかりと構築する必要がありますが、それが実現すれば、単独オーナー型とは比較にならないほど強靭な「ファミリービジネスシステム」になりえます。

逆に、ファミリーガバナンスに失敗した場合、ファミリー内部の対立、ビジネスに対する無関心、全体を見ることなく利益のみを追求する分家、経営陣の人事を巡る対立などの混乱を招き、やがてファミリーがビジネスを害するものになり、弱みを露呈するものになっていきます。そのため欧米の多くの優良ファミリービジネスでは、分散オーナー型の上にファミリーガバナンスを構築することに真剣に取り組んでいます。

「ガバナンス」で複雑な関係性をシンプルにする

ガバナンスとは統治、管理、支配を意味する言葉で、一般的には企業統治（コーポレートガバナンス）の意味で用いられます（くわしくは第4章参照）。ここではファミリーとビジネスのそれぞれの運営や監督、意思決定を行うためのしくみとしてガバナンスを考えてみることにしましょう。

戦前の水谷商事は、ファミリーとビジネスが密接にかかわりあうものであった。源五郎（大将）の一家は店の奥に居を構え、子どもたちもそこで生活する。番頭格になると自宅を持つが、ほとんどの店員は店の中で生活している。

商家の子どもたちは、仕事と家庭が混然一体となった場で育つのだった。店に定休日はなく、ごっさま（大将婦人）は、2〜3人のお手伝いさんたちと店員と家族の朝、昼、夕の食事を用意し、悩みごとの相談に乗ったり、生活の面倒を見たりした。

この段階ではファミリーとビジネスは、物理的にも心理的にも、ほぼひとつのものになっています。全員が仕事と家族に、何が起きているかを知り、将来ビジョンも自然に共有されていました。

戦後の水谷商事では、勇一の世代（第2世代）に加えて誠一の世代（第3世代）も参加して、

図表2－11

分離するファミリーとビジネス

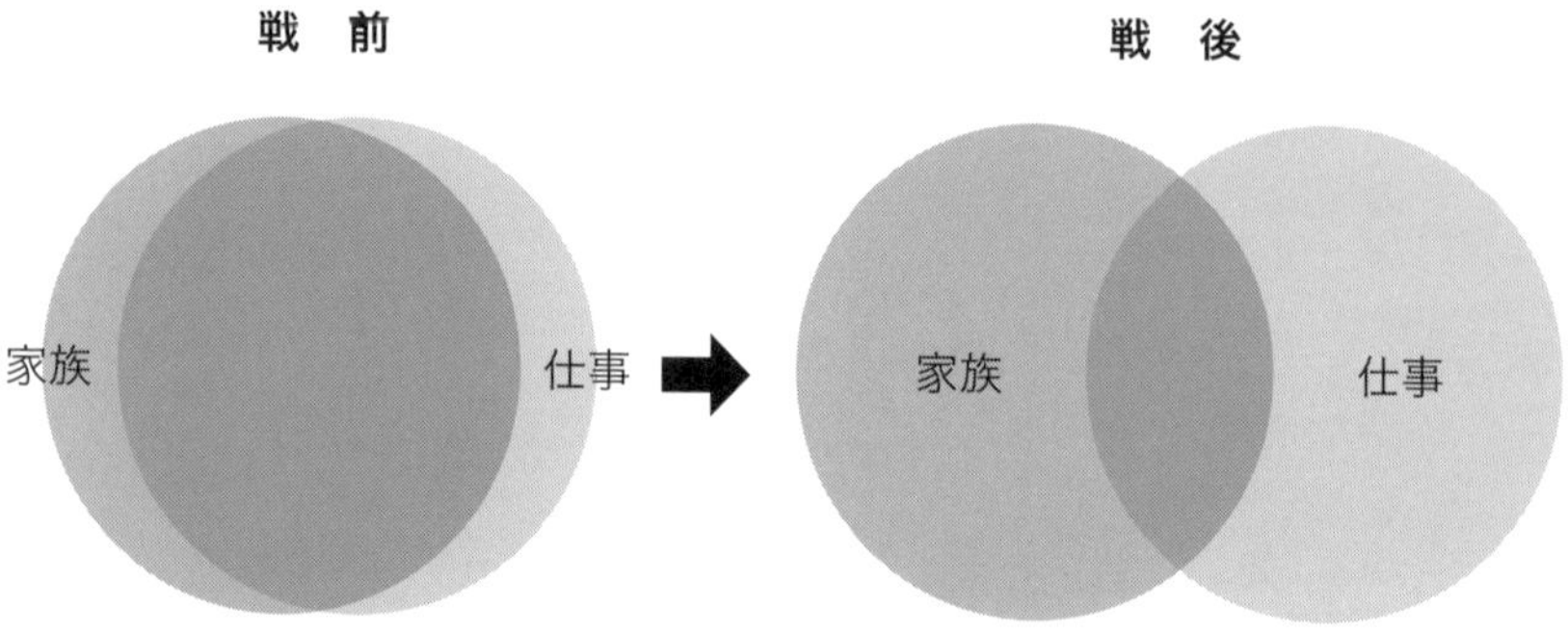

武井一喜作成

その夫人、子どもたちと、ステークホルダーの数は格段に増えた。生活環境も変わり、単身者は社員寮に、ファミリーメンバーや妻帯した社員は郊外に住宅を持ち、会社に通っている。

物理的に離れることと同時に、別々の場所で育ち、生活する誠一の兄弟、従兄妹たちは、家から通っている父親の顔色を見るくらいしか、会社の状況はわかりません。第3世代の誠一と秀雄はこのような環境で育ち、それぞれ跡取りとしてビジネスに参加します（図表2-11）。

１９６３年（昭和38年）に勇一が病のために現場を退くと、数年のうちに東京店の業績が伸び悩み、資金繰りが悪化、銀行からの支援も限界に達する。やがて給料の遅配などが起きるようになり、東京店の幹部たちは名古屋店に支援を求めるようになる。

高名な会計士の助言を得ながら、１９７０年（昭和45年）、名古屋、東京の合併が実現する。株の評価は名古屋３に対して東京1、東京の大株主であった修二家は合併後、25％の議決権に圧縮されることになった。この前年の1969年（昭和44年）に誠一は名古屋店の社長に、勇一は会長に就任していた。
合併前から勇一家と修二家の間の確執があり、特に修二家は合併を快く思わないまま事態が進行していた。源五郎の意向を受けて、勇一は東京の会社の会長を兼務して指導的な役割を持ち、修二は社長として補佐的な役割を担っていたが、それぞれの配偶者の間では良好な関係を保つことができなかった。立場の違いから生じる軋轢が両夫人の関係に影響を与え、対立を引き起こした結果、東京店の内部には会長派、社長派という派閥が生じていた。
合併後、誠一が社長を続投、修二は監査役に、秀雄は取締役営業部長となった。秀雄にとっては、後継者としてのキャリアプランが大きく変更されることになり、結婚間もない秀雄の夫人は実家に対して面目が立たないと落胆するできごとだった。それでも秀雄はいとこの誠一を支えて会社を発展させようと気持ちを切り替え、取締役として会社に残る決意をしたのだった。

この合併によって、ステークホルダーの数が増え、複雑さは一気に高まりました。合併後の水谷商事では、社長を中心に名古屋、東京の幹部が取締役会を形成して意思決定を行い、組織体制を一新し、名古屋・東京の意思統一は以前とは比較にならないほどに進み、ひとつの会社として成長することができたのです。しかし、ファミリーにおいては、オーナーの間の意思疎通がないまま、「管理されない複雑さ」が、その後25年間続くことになります。

ある日、秀雄の心に封じ込められてきた怒りが爆発を起こした。幹部会議で出された、商品の陳列場所を拡張するために、売り場に隣接する修二の個室を別館に移動させたいという計画を誠一が承認したことだった。

秀雄は誠一が自分の父親を軽く扱ったことに、抑えようのない怒りを覚えたのだ。きっかけは些細なできごとだったが、その怒りの原因は、秀雄個人のものというよりも、初代源五郎の信頼を得られなかった父親から引き継いだものであり、勇一夫人との間の葛藤に苦しんだ母親からのものでもあった。

第1世代と第2世代の時代にしくまれた時限爆弾が、第3世代になって爆発したのだ。秀雄は自身の持ち株と東京の社屋の底地を高額で買い取ることを求め、裁判に発展、会社は敗訴して巨額の資金を失うことになった。


水谷ファミリーは、家長にしたがうのが家族として当然のことと考え、お互いの見解の違いについて話し合う努力を怠り、オーナー家としての意見を「ひとつの声」とする努力を怠ってきました。ファミリーの声をひとつにする役割を、誠一ひとりのリーダーシップに頼るには、ファミリーは複雑になりすぎていたのです。

合併の時点が、「家長のリーダーシップに頼るガバナンス」から、「ファミリーのしくみに頼るガバナンス」へとシフトすべきタイミングでしたが、水谷ファミリーはその機会を逃してしまったのです。ファミリーガバナンスは、ファミリー資本（人的、社会関係、情緒的、財的資本）の世代を超えた維持・発展を促進すること、ファミリーとビジネスの関係の管理、ファミリー内の結束の強化を目的に行うものです。これはファミリーの複雑さ、さらにビジネスやオーナーシップとの重なりから生じる複雑さをで

図表2－12

複雑さの管理――個人のリーダーシップ／ガバナンスのしくみ

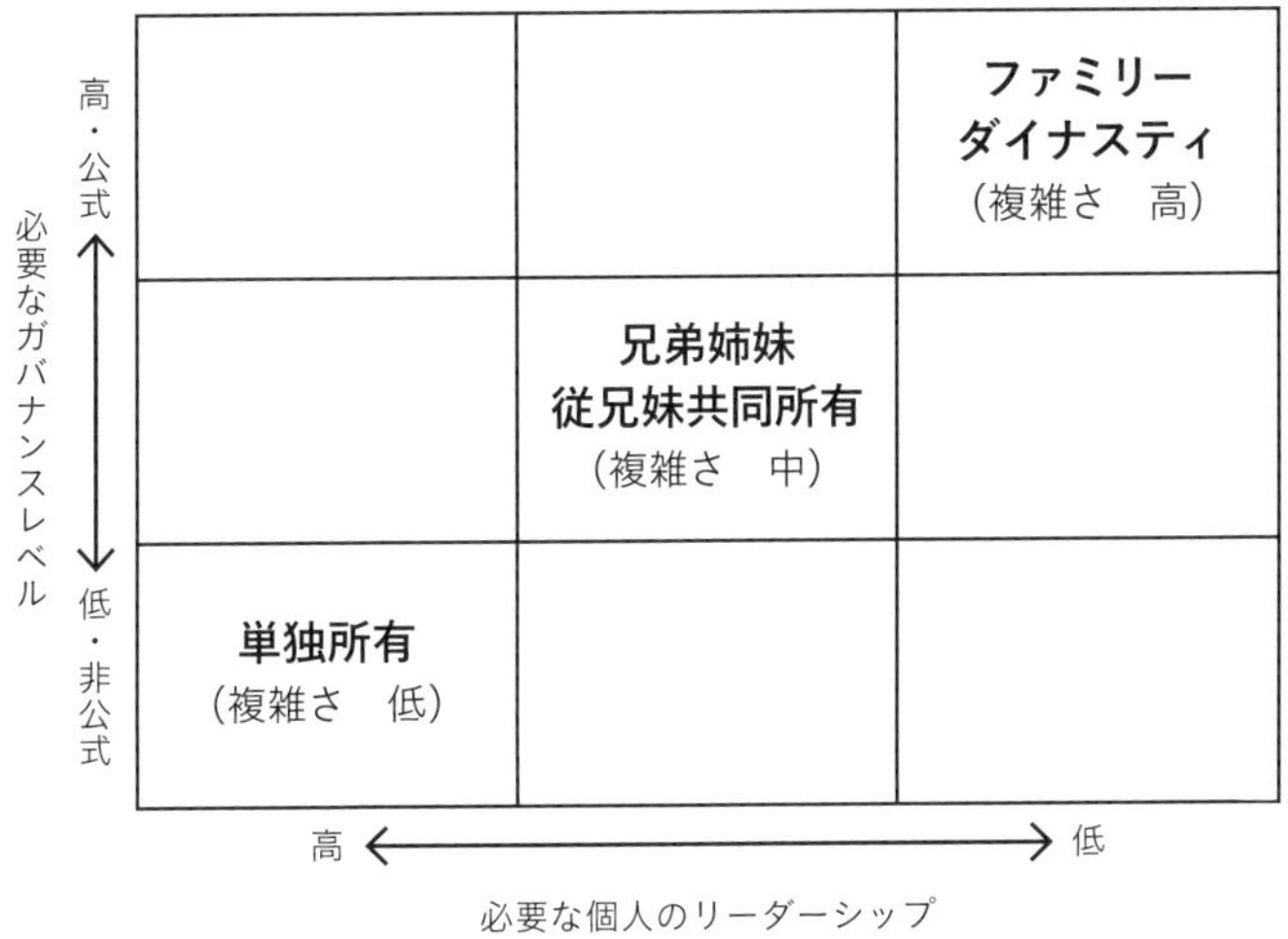

"Succeeding Generations Ivan lansberg" をもとに武井一喜作成

きるだけシンプルに管理するためのしくみづくりです。

「管理された複雑さ」の実現には、図表2－12のように複雑さの程度に応じたガバナンスのしくみが必要になります。

健康なファミリーをつくる「ファミリー評議会」「家訓・家憲」

水谷商事では、合併時のファミリーガバナンスが欠如していたために、25年後にビジネスを破壊するような事態を起こしました。合併の話し合いは、主に税理士と幹部社員の間で進められ、オーナーとしての勇一家と修二家の話し合いは、ほとんど行われませんでした。当時の両家の夫人同士の対立があり、ファミリー間の話し合いはかえって問題を複雑にするため、避けて通りたいという兄弟間の配慮があったのだろうと考えられます。

対等であるべき兄弟が、勝者と敗者を明確にしてしまうことに対する恐れもあったのかもしれません。もし、この時点でファミリーガバナンスの重要性に気がついて、ファミリービジネスアドバイザーに依頼していたら、「オーナーの声をひとつにする」ことを目的に、勇一家、修二家、さらには大阪の恵三家を加えて話し合いの場を重ねて、創業の精神、これまでの歴史、お互いの感情的な行き違いを共有して、相互理解を深めることができたでしょう。

さらにひとつのファミリーとして、次世代、次々世代へのビジョンを分かち合い、その中で合併後のオーナー家のあるべき姿や次世代のファミリーメンバーの入社条件、報酬のルール、株の譲渡、事業に提供している資産の管理の仕方などをフォーマルな形で話し合い、意思統一を行い、ファミリーのルールを決めることができたでしょう。このようなプロセスを通して、勇一家、修二家は、分家の利益を超えて、ファミリーとビジネス全体の利益を踏まえた「私たち」としての意識を醸成させることができたはずです。

どのようなファミリーにも、必ず葛藤がつきまといます。健康なファミリーと不健康なファミリーの違いは、自然に起きる葛藤や対立に対して、それを放置するのではなく、問題が小さいうちに対処し、再発しないような手立てを打てるかどうかです。ファミリーガバナンスは、それが非公式な自然発生的なものであっても、あるいは公式な人為的なものであっても、このような問題に対処し、健康なファミリーを代々維持するために必要なしくみです。

公式で人為的なガバナンスを担う機関として、「ファミリー評議会」と呼ばれるものがあります。ファミリー評議会はビジネスやオーナーシップへの関与の有無にかかわらず、ファミリーに選ばれた代表者が集まり、年に数回の会議でさまざまな決定を行うもので、ファミリー全員で構成するファミリー総会の下部組織としてファミリーガバナンスの中心的な機関と位置づけられます。ちょうどビジネスガバナンスの中心的な機関が取締役会であり、株主総会の下部組織として位置づけられる関係に対となるものです。

ファミリー評議会は、以下のような目的を持っています。

①ファミリーの使命感と価値観の醸成。
②ファミリーの事業に対する理解。
③コミュニケーションと相互理解の促進。
④問題／紛争の解決。
⑤ファミリー教育の促進。
⑥ファミリーとオーナーシップの持続性の維持と世代交代の円滑化。

具体的なテーマとしては、

・家訓の策定と浸透。
・ファミリー史の編纂。
・次世代メンバーの育成。
・社会、地域への貢献。
・家憲（ファミリー憲章）の策定。
　——ファミリーの企業への入社条件。

——ファミリーメンバーの報酬の取り決め。
——ファミリーの財産に関するルール（会社の株の譲渡、夫婦財産契約など）。
・ファミリーメンバーの親睦、情報交換。
・経営陣とのコミュニケーション。
・ファミリー総会（ファミリー全体のミーティング）の開催。

などがあります。

中でもファミリーの価値観を言語化した家訓は、重要なものです。ビジネスの企業理念に相当するからです。昭和から平成、令和へと、私たちの家族観も大きく変化していますが、その中にあってファミリーとして大切にすべきこと、ビジネスを支える一族としてどのように事業に貢献するかなどを文章に表し、ファミリーで共有するものです。創業者や先代の言葉や言い伝え、ファミリーとビジネスの歴史などを学び直し、みんなで意見を交換し、一貫した価値観を見出します。

感謝、献身、スチュワードシップ（預かりものの番人の意識）、生活習慣、家族の和、思いやり、努力などの個人に関するメッセージや社員を大切にしながら長期的な視野、公平さ、地域社会への貢献など、ビジネスに対する教えなどを盛り込みます。さらに具体的なルールとして家憲（ファミリー憲章）を定めます。家憲には、株の譲渡に関する規定、ファミリーの企業への入社条件、ファミリーメンバーの報酬の取り決め、ファミリーの財産に関するルール（夫婦財産契約など）などが盛り込まれます。

これらの策定は、メンバーが参加し、意見を交換し合うプロセス自体に価値があると言えます。メンバー全員の意思が反映された家訓、家憲は浸透力も持続力も高いものになります。

ファミリービジネスは相容れない要素が共存することで成り立つ、複雑なシステムです。このシステムの中で生きる人にとって大切なことは、ファミリービジネスの逆説的な関係の中で生きていることを知っておくということでしょう。この認識があることによって、無意識に環境に振り回されるのではなく、環境を変えていく工夫ができるようになるためです。異なる原理を持つサブシステム（ファミリー、ビジネス）が良い関係を保つためには、その境界線を適切に設定し、それを管理することが重要になります。

では、境界線を適切に管理するとは、どういうことでしょうか。

ファミリーはファミリーらしく、ビジネスはビジネスらしく、ということがまず大前提ですが、さらにファミリービジネスの強みを生かし、世代を超えて維持、発展させるためには、この大前提に加えて、ファミリーは少しビジネス的な要素を持つこと。また、ビジネスは少しファミリー的な要素を持つことも大切です。まず、大前提であるファミリーらしいファミリー、ビジネスらしいビジネスを考えるために、ファミリーとビジネスの境界線が明確でない場合の例を以下に挙げてみることにしましょう。

ビジネスの価値観が、ファミリーに入り込んでいる例

・家族の食卓でお互いを役職名で呼び合う。
・家族団らんの時間に仕事の話しかしない。
・仕事の成果で兄弟の優劣が決まる。
・親が子どもを部下のように、手足として使う。
・家族の中で自慢話や失敗話ができない。

ファミリーの価値観が、ビジネスに入り込んでいる例

・会社の会議の場で、家族の愛称や「ちゃん」付けで呼び合う。
・能力や成果に関係なくファミリーメンバーの報酬が決められる。
・会社での権限の大小が出生順で決められる。

ファミリーとビジネスの間の境界線が低すぎて、ファミリーらしいファミリー、ビジネスらしいビジネスが実現できていないことが現れているのがわかります。

では、境界線がしっかりと管理されているとは、どういうことなのかを見てみましょう。米国のファミリービジネスコンサルタントが紹介するエピソードとして、ＦＯＲＴＵＮＥ誌の全米の「働きたい会社ベスト１００」に入っているユニークなスーパーマーケットとして有名なステュー・レオナルドの事例があります。

社長の長男も次男も父親の会社に入り、まじめに働いていました。三男も大学を卒業して父の会社に入りますが、遅刻、早退が続き、勤務態度も良くありません。業を煮やした社長はある日、三男に仕事の後に自宅へ来るように伝えます。リビングルームで三男に向かって、「このような勤務態度では雇い続けるわけにはいかない。君はもう会社に来なくてもいい」と、解雇を伝えます。その後、三男をジャグジーに誘い、「息子よ、会社をクビになったそうだが、何かお前にしてやれることはないか」とその将来を心配したというのです。理想的な帽子のかぶり分けです。その後、他社での勤務を通じて成長した三男は、いまでは父の会社にもどり、活躍しています。

少しファミリー的なビジネス、少しビジネス的なファミリーをつくるためには、ビジネスにはファミリーらしい愛情や平等の要素を加える、ファミリーには意思決定や計画性の要素を加えることがポイントです。これを担うファミリーは、健康な心を育成する必要があります。心の健康は、ファミリービジネスコンサルティングの重要な課題ですが、本書の後半でくわしく解説していくことにします。

「企業独自の競争力」の源泉となるファミリー資本

成功するファミリー企業には、創業家にその起源を持つ競争力の源泉となるものがあります。創業家の競争優位性の要素のことを「ファミリネス」（ファミリー性、Familiness）と呼んでいます。正式な定義は、「ファミリー、個人およびビジネス間のシステム相互作用から生じる、企業に固有な資源の束[5]」です。つまり、創業ファミリーが関与することで生まれる経営資源の総称を示します。個々のファミリーがそれぞれ違う価値観を持つため、それぞれの企業に独自のファミリネスが生まれます。

ファミリネスは、創業の精神やファミリーの価値観、文化を根源として、長い年月を通してビジネスの文化や価値観、いわば暗黙知として根づいているもので、一朝一夕に生まれるものではありません。だからこそ、他社にはまねができない、非ファミリービジネスもまねができない、その企業独自の競争力の源泉になるのです。

優秀なファミリービジネスでは、顧客第一主義、高品質・低コストの追求、従業員の長期的な人間性の育成、長期的な視野、ブランド価値向上のたゆまぬ努力、市場、顧客に対する強い探究心、柔軟な組織運営、社内外の高い信頼関係、高いコミュニケーション能力など、創業家が代々大切にしていることが、ビジネスの文化として根づいています。

強いファミリーを築き、ファミリネスを維持、発展させたファミリー企業は、そのメリットを享受できるようになりますが、これを怠ったファミリー企業は、その特有のシステムが持つファミリーとビジネスの構造的な矛盾点が表出し、衰退の道を進むことになります。

ファミリネスを生み出すのは、ファミリーの構成員の一人ひとりの能力で、ファミリー内の人間関係はファミリネスを高める極めて重要な財産です。一族が大切にする価値観は、この財産を有効に活かすための基盤です。これらのファミリネスを生み出す有形・無形の財産（資源）を「ファミリー資本」という観点で整理してみましょう。ファミリー資本は、

①人的資本（Family Human Capital）
②社会関係資本（Family Social Capital）
③社会情緒資本（Socio Emotional Capital）
④財的資本（Family Financial Capital）

の４つの要素からなっています。

ファミリー資本の活用こそが「創業家の競争優位性」を後押しする

①ファミリーの人的資本

ファミリー性を高める個人の能力、経験、知識、意欲などをファミリーの人的資本と呼びます。ファミリーの人的資本が高まるほど、ファミリーには選択肢が増え、柔軟性が高まります。

前出の図表2-2の3円モデルのBやDの位置にいる、直接ビジネスにかかわっていない兄弟や配偶者などのファミリーメンバーも、次に挙げる社会関係資本が高ければ貴重な経営資源になります。

逆に、人的負債としては、仕事や事業に対する無責任、リーダーとしての能力不足、経験の少なさなど、否定的な要素は人的負債ということになります。そういうメンバーがいれば、それはファミリーとしての負債になります。

②ファミリーの社会関係資本

ファミリーが持つ人間関係、ファミリー外との人脈、信頼関係などをファミリーの「社会関係資本」と呼びます。先代が長い時間をかけて築いた従業員や顧客、仕入先、金融機関、さらに地域社会における人脈などの信頼関係は、後継者の目には「親の七光り」と映りがちです。

自分の実力で自分の人間関係をつくって、周りに自分の能力を認めさせたい、と思う気持ちが強まる結果、後継者は祖父や父が築いた信頼関係、つまり、社会関係資本を否定しがちです。しかし、この重要な社会関係資本を先代から受け継ぎ、自分の代でさらに良いものにしていくことが持続的発展の要諦であることを後継者は認識し、「親の七光り」を最大限に活用すべきです。

ファミリーメンバー同士がどのようなかかわり方をすべきなのかという、一族の根底にあるモラル、価値観、倫理観、文化が、従業員や顧客などのステークホルダー（利害関係者）とのかかわり方にも反映するものです。ファミリー内が信頼に満ちた肯定的な関係であるとき、ファミリーが持つ人的資本、財的資本は有効に活かされ、さらに外部の人的、財的資本も事業に呼び込むことにつながります。人的、財的資本は外部から雇い入れ、借り入れることはできますが、ファミリーの社会関係資本だけは呼び込むことができないものなのです。

逆にファミリー内の争いや不信感、兄弟やその配偶者の間のコミュニケーション不全や従兄弟同士の対立といった人間関係は明らかに「社会関係負債」となり、ファミリー資本の価値を低めることになります。

上質な社会関係資産は、ファミリービジネスの強みの源泉です。ファミリーの食卓を囲んでのオープンな対話は、ファミリーとビジネスの価値観、使命感を共有し、次世代に伝える良い機会です。ファミリーガバナンスのしくみは、ファミリーの社会関係資本を維持し、発展させるために有効な方法です。

③ファミリーの社会情緒資本

近年、ファミリービジネス研究者の間で盛んになっている研究のひとつに、「『情緒（Emotion）』が、目に見えないが重要なファミリーの資本である」という考えがあります。ファミリーメンバーが集団として持っている感情がビジネスの成長、発展の源泉にある、という見方です。製品、サービスに対する愛着、従業員や地元に対する愛情など、創業者、時にはさらにその前の世代からファミリーが持つ感情は、世代を超えて遺伝するかのように引き継がれるものです。

④ファミリーの財的資本

事業の資産だけでなく、ファミリーメンバーが持つ現預金、有価証券、不動産などを財的資本と呼びます。肯定的な関係を持つファミリーは、財的資産も融通しあうことが多いものです。また、社会的信用が高いファミリーは、外部の財的資産も使いやすいものです。

ファミリー資本の中でファミリービジネスの長期的な発展のために最も重要なものは、社会関係資本です。ファミリーの人的資本、財的資本を有効に活かすために、必要不可欠なものだからです。

ファミリー資本が事業にどのように影響しているかを全米700のファミリービジネスを対象に行なった調査があります。ファミリーの社会関係資本が高いほど事業は成功していること、人的、財的資本は事業の短期的成果をもたらす力が強いこと、そして社会関係資本はより長期的に働くということが確認されています。ファミリー内の良い人間関係やファミリーと社員の信頼関係は、長期にわたる会社の繁栄のために非常に重要な要素なのです。

ここで水谷家のファミリネスを見ることにしましょう。

水谷家の商品開発への情熱は、創業者が育った家（家内工業であった紙すきを工場で生産させて尾張藩に銀札として納めた）から引き継ぎ、代々伝えられてきました。それは世界に目を向け、社会の変化を先読みし、心血を注いで形にする姿勢です（人的資本）。そのために協力してくれる会社や人々への気遣いとネットワークを築くというしくみづくりに長けています（社会関係資本）。このことを水谷家の人たちは、自然に共有し、次世代へと伝えてきました。

一方で、配偶者と養母を相次いで失うという創業者の経験した悲劇と、躁《そう》に転じることで悲しみを封じ込めた2代目の心の闇が元になり、その後、名古屋、東京の合併後に表面化したファミリー内での相互不信は、ファミリーの負の社会情緒資本として第3世代に引き継がれることになりました。

水谷家では残念ながらできませんでしたが、ファミリーの心に宿る闇の部分も、ファミリーのミーティング（食卓の会話、ファミリー評議会、ファミリー総会、歴史勉強会など）を通してテーブルに乗せ、光を当てることで、一族の結束を促し、マイナスをプラスに変える可能性があります。事業承継を考えるとき、このファミリネスをいかに次世代に伝えていくかが重要です。

これは短期間でできることではありません。孫が生まれたら、その孫に対して何を伝えていくか、子どもの結婚に際して、子ども夫婦がその子どもたちに何を伝えていくべきか、30〜50年の視野で、ファミリー全体で考えるべき問題です。ファミリーガバナンスは、このための重要な機会を提供するものになります。

危機的状況で問われるファミリーのレジリエンス

歴史を見ると「危機」は、「変化」のきっかけであることに気がつきます。危機の性質は社会的な危機、経済的な危機、個人的な危機、家族の危機などさまざまです。これらの危機に対して運を天に任せるのではなく、自らを柔軟に変化させ、対応した結果によって長寿企業になるのです。

リーマンショックによって、ほとんどの企業は企業価値を落としましたが、ファミリー企業は、非ファミリー企業に比べて回復が早く、その底力が高く評価されることになりました。これを契機にＢＩＧ４（デロイト・トーマツ・ＰｗＣ、ＥＹ、ＫＰＭＧ）と呼ばれる大手のコンサルティング会社が、ファミリービジネスコンサルティングに力を入れるようになりました。今後は、わが国でも大手コンサルティング会社をはじめ、金融機関などもこの分野への参入が見込まれます。

コロナ危機の緊急事態宣言が解除され、外出制限が緩和された後、最も早く業績を回復できた飲食店は、常連の顧客を主力に営業してきた店でした。常日頃から、顧客との間に強い信頼関係を築いていることで、危機に対して強い復元力を示すことができました。メーカーやサービス企業に当てはめれば、これはブランドの力と呼んでもよいでしょう。

コロナ危機によって生じた社会的な変化を見ると、コロナ前とコロナ後では人々の仕事の形や生活習慣が大きく変わりました。これはコロナ前に蓄積されていた変化の圧力が、コロナの刺激によって一気に放出されたようなものです。コロナがなければ4~5年かけて起きたであろう変化が、コロナによって凝縮された形で短期間に現れたのです。

ブランドの信頼度も社会的な価値観や生活習慣の変化に適さなくなれば、徐々に信頼を失っていきます。経営者にとって、一気に変化が起きれば気がつきやすいのですが、徐々に起きる変化にはなかなか気づきません。ファミリービジネスの永続のためには、常に社会の変化に合わせて、自ら変化していくことが必要です。

近年、VUCA（変動制、不確実性、複雑性、曖昧性）の時代と言われていますが、その影響を受けて、長寿企業の研究に改めて光が当てられています。長い歴史を通して、どのように危機を乗り越えてきたか、レジリエンス（弾力性、修復力、柔軟性）に関する研究です。

今回の新型ウイルスによる世界的なインパクトに、京都の老舗企業はさほど慌てることはなく、10年に1回はこのようなことが起きる、と常に最悪を想定し、資金は厚く持ち、柔軟な行動で対処しています。そこで水谷商事の事例から、こうした危機をどのように受け止めるべきかを考えてみることにしましょう。

すでにおわかりのように、水谷商事も危機が変化を起こすきっかけとなりました。源五郎の独立は、濃尾大地震が影響を与えました。いずれは独立したいという思いはありましたが、瓦礫《がれき》と化した岐阜の市街地の情景は源五郎の心に、「一歩踏み出すときがきた」というメッセージに映ったのです。

そして事業が安定し、長男の勇一が修行から戻ったころ、立て続けに3人の家族を亡くすというファミリーの危機は、その後の水谷商事の急速な拡大の契機となりました。厭世的になり、事業意欲を喪失した源五郎に代わり、長男の勇一が家族の悲しみを跳ね返すかのように事業の拡大に邁進《まいしん》します。家族の危機がバネになった事業拡大によって、会社はこの時期に強固な地盤をつくることができました。

一方で、ファミリーにとっては、悲しみを十分に癒すことができず、心に傷を抱えたまま次の世代へと進むことになりました。この時期に父親の期待を一身に集める長男の勇一と、父親からの愛情と信頼を得られない次男の修二という構図ができはじめました。

1932年（昭和7年）の明治銀行の倒産の際には、いわゆる「貸しはがし」に遭遇します。当時のメイン銀行であった明治銀行が苦境に立ち、貸付金の一括返済を求めてきます。源五郎は八方に手を尽くし、手持ちの資産も現金化して何とか返済します。

107年の歴史の中の最大の危機は、第2次世界大戦でした。1938年（昭和13年）にはじまる統制経済の下、商売に多くの規制がかけられ、店員は出征し、昭和20年（1945年）には3つの店舗がすべて空襲で焼失します。終戦後、少しずつ事業を再開、1949年（昭和24年）には新会社を設立して本格的に事業を再開します。それが可能になったのは、それまでに培った仕入れ先、販売先との信頼関係、従業員との強い絆、若干のものではありましたが、手元の貯えの賜物でした。

危機とは正反対のできごとですが、1971年（昭和46年）の「紫ふとんブーム」（紫は高貴な色であり、無病息災や回復機能を高まると言われた）は、降って湧いたような幸運でした。その後、幹部に成長する従業員たちの記憶に残る良い思い出になっていました。

しかし、この経験が10年後にはじまる売上減少の時期には足を引っ張るものになりました。社員の中に「いざとなったら神風が吹く」という妄信が生まれ、事実を見る目を曇らせ、環境変化への対応を怠る要因になったのです。

将来を考えるうえで「変えるもの」と「変えないもの」

200年を超える老舗ファミリービジネスのオーナー経営者の多くが、「わが社の歴史は革新の連続であった」と語ります。芭蕉が提唱した俳句の理念に、「不易流行」というものがあります。年月を超えて変わることのない本質を大切にしながら、時代に合わせた新たな変化を取り入れることの大切さを表しているものです。同時に、世界は常に変化していくものであり、変化こそが世界の本質である、という意味も含んでいるようです。ファミリービジネス自体もこのように変化していくものです。

一方で、何世代も変えるべきでない基本的な理念を「家訓」として表し、時代によって見直しを必要とするルールを「家憲（ファミリー憲章）」として定期的に更新していく、という方法も可能です。人は死んでも、理念、家訓が世代を超えて各世代の中に生き続け、一人の人生を超えた命を持つものになり得るのです。

経営環境のかつてない変化によって、多くのファミリービジネスで戦略の見直しが火急の課題になっています。いままでに経験したことがないような戦略の転換を迫られています。銀座の老舗の経営者の話を伺ったとき、数多い銀座の老舗も、ほとんどは創業時の商売とは別の商売になっているとのことでした。社訓や顧客第一主義など、目に見えないものにこだわり続けながらも、ある日突然、時代の最先端のビジネスに転向するなど、目に見える商売は思い切って変えてきたのが銀座の老舗の特徴です。景気変動はもとより、戦争、政変、天災など、さまざまな環境の変化を、したたかに生き抜いているファミリービジネスには、そのＤＮＡに柔軟性という文化が組み込まれているようです。

それらの変化を乗り越えたときには、一段と強いファミリービジネスに変貌しているのです。つまり、伝統は変化に対応し、「死と再生」を重ねた結果であり、ファミリービジネスの発展的な永続とは、「死と再生」の積み重ねであると言えるでしょう。

ここまで3世代にわたる事例を通して、3円モデルの3次元発展モデルの枠組みからファミリービジネスを理解することを試みました。ファミリービジネスは「ファミリー」というステークホルダーの存在が特徴であり、強く健康なファミリーが長く発展するビジネスをつくる。事業承継は一過性のイベントではなく、代々続くファミリービジネスのための道のりです。環境変化に柔軟に対応できるファミリービジネスとなることを考え、長期的な視野のもとに事業承継を検討していくことが求められているのです。

事業承継について、これまで多く論じられてきていますが、ほとんどは相続税の最適化をめぐる財的資本の継承と、ビジネスにおけるリーダーシップの承継に焦点が当てられています。しかし、本書が提唱する「ほんとうの事業承継」とは、人的資本、社会関係資本、社会情緒資本という、目に見えないファミリー資本を次世代、次々世代へと承継していく、絶え間ない試みを示しています。

アイデンティティ

家系図から見えてくる足跡《そくせき》

第2章では、ファミリービジネスは、複雑さがともなうがゆえにシンプル化させるためには、ガバナンスが大切であること。また、創業家の競争優位性の要素のことを「ファミリネス」と言い、経営資源の源であるなどの話をしてきました。今後、経営にファミリネスの強みを活かしていきたいと願うのであれば、その前に私たちの祖先がどのように暮らし、どのような仕事につき、生計を立てていたのか。また、かかわった仕事をどういう経緯から後世につなぐことになったのかなど、その経緯を知るきっかけとして「家族の歴史とその心理」を知ることは不可欠です。

ここでは、それぞれのファミリービジネスでどのようにして、「アイデンティティ」が確立されてきたのか、みなさんとともに考えてみたいと思います。

まず、日本人がどのように生計を立てて暮らしていたのでしょうか。

江戸時代、明治初期の産業は農業が大半を占めており、家族は地域とのかかわりの中で運命共同体としての意識を育んできました。

また、当時の町人たちも、試行錯誤しながらではありますが、さまざまな業種を生み出しており、特に江戸期はリサイクル業が大変、盛んに行われていました。再利用することを前提としてモノが製造され、人と環境にやさしい社会が形成されていたと言われています。その後、産業は国力強化のため規模を拡充させ、人口の増加とともに社会システムは大きく変わりました。当然、家族形態も時代の変遷とともに、大きく変わってきました。

そして農業、水産、建築業などは、代々受け継がれた伝統と家族形態を維持しているようでした。しかし、継承しているケースが多く見られました。製造販売業に携わる人たち――酒造、和菓子、漬物、豆腐を生業とする――は、事業を大きくするよりも「より良いものを末永く」とか、近江商人の心得で有名な「三方良し」を唱える社長が多かったように思います。家系調査を仕事としている私の拠点が京都で近畿圏の調査が多かったこともあり、結果的には近江商人を背景とする事業主が大半を占めていたこともあるかもしれませんが――。

いずれにせよ、その社長たちの祖先は地元のつながりを重視しており、伝統的な行事や集会にも深く関与していました。時代の変化に柔軟に適応できように独自の業態を持ちながらも、精神の支柱としては、家訓を重んじていたことがわかっています。すでに老舗と呼ばれるところも、商売を続けられていても順風満帆な家族はほとんどなく、長年に渡る血と汗と涙の結晶としての事業形態でした。

家系調査の結果を考察すると、特に跡取り問題に関しては、どの家も骨を折っていたことがわかっています。一方で、いま以上に同族意識や姻戚との関係、親戚、取引先の家族とも深くかかわっていた背景もあり、家系調査をすると、むしろ代々実子で継承している家系のほうが稀で、ほとんど養子を迎えて事業を守っていました。特に、名主や豪農と言われる家系では、実子がいながらも、婿を迎え家業を拡充させることも多くありました。

江戸時代の平均寿命は約60歳で、稀に80歳、90歳の方もいますが、一般的には「寿命は短いもの」と認識されていたからで、事業を後世につないでいくために婿を迎える習慣があったのだと思います。それだけに事業承継は比較的早くに取り組まれ、子どもの自立を促すために、幼少の頃から奉公に出して苦労をさせ、その後、事業を継承させるスタイルが文化となっていました。

「自分たちのことは、自分たちで守る」という厳しい環境の中、多くの不安と隣り合わせに生きていた家族にとって、一族の結束や地域の共同体意識は大きな資源になっていたのに違いありません。

特に、地域の行事や家族で執り行われた通過儀礼は、共同体の精神の支柱になっていたのです。神社、仏閣での行事は厳かに執り行われ、家族成員の魂の変容とともに責任意識なども養われるように機能していました。社会人としての徳目も、集団の中で自己を見出すことの大切さが強調され、自己犠牲的で、服務公益的な教育が、幼い頃から求められてきました。社会形態に適応するためには、ありのままや個の徳目を重視する必要があったのです。

こんな話をすると、「昔の方が良かった」と、とらえられがちですが、家系調査をしてみると一概にはそうとは言えず、社会システムの不安や重圧に耐え切れず、問題を起こす家族成員も多くいたという記録も残っています。

具体的には、アルコール依存症、セックス依存症、ギャンブル依存症、ＤＶや虐待なども比率で見れば、昔の方が多かったことがわかっています。また、調査の情報集積の過程で、先代の破天荒遊戯を耳にすることも少なくありません。生き方、働き方で多様性があるのは現在でもそうですから、何がいいのか、私自身は是非を問いかけるつもりはありません。

問題の噴出時こそ理想的な家族関係を築くチャンス

数千件の調査データを客観的に見ながら家族の興亡盛衰を分析し、たどっていく中でわかってきたこともあります。たとえば、家族仲が良く、事業も上手くいっているという家族の歴史をたどってみると、先祖も仲良く、仕事にも協力的にかかわっており、次の代に事業を継承していたのです。逆に、事業は続いているものの家族関係が悪く、多くの葛藤があるという家族の歴史を調べると、不思議なもので、昔から同じ葛藤を繰り返しており、同じ問題に直面していたケースが多くあります。

この調査結果は希望的な情報ではありませんが、世代間連鎖の問題について深く考える機会にもなりました。事実として家族の歴史は事業の栄枯盛衰の裏で、パターン化（儀式化）された人間ドラマのようなものが展開されているということがわかりました。

事業が上手くいっている家族でも、実際の関係は希薄であったり、不幸を感じていたり、逆に事業が大変、困難でも信頼関係が深く、活気を失うことなく問題に向き合っている家族もいます。事業と家族の幸福度は、必ずしも一致しているとは限りません。

家族のあり方（家庭人）も、経営者の能力（社会人）も複世代の所産であり、歴史というものを切り離して考えることはできません。家庭人、社会人という2つの言葉は、いずれも「人」という言葉の属性ですが、この両面で健全な形で統合されたファミリービジネスがあるとするならば、極めて学びの多い歴史を背景に背負っているということが言えるでしょう。

私は家族心理学にも傾倒し、いまも学び続けています。長い目で見て、家族の信頼基盤を重視する家族の方が理想的な事業承継をしているのではないか、と私は考えています。現に深い信頼関係を持つ家族ほど、不安や危機に直面した際に、比較的、高い適応能力が発揮されています。親子、夫婦間の信頼を核として厳しい状況を乗り越え、早期に立ち直っているのです。

家族の人生を3代、4代、5代という単位で見た場合でも、段階的に発展し、子ども、孫の代で強力な基盤を生み出しています。どんなときも問題から逃げずに、正面から向き合い続けてきた家族は、強固な信頼と高い適応能力を確実に後世に継承しています。逆に問題から目を逸らし、回避、逃避、退避を繰り返した場合には、その分、多くの葛藤や深刻な問題が連続的に発生し、家族や事業が行き詰まるという結末を迎えるパターンは少なくありません。

理想とされる家族とは、どのような家族なのかを考えたときに、多くの事例から言えることは、問題が少ない家族が理想的なのではなく、あるいは和気《わき》藹々《あいあい》とした家族が健全なのでもなく、むしろ問題が多くても、その問題から学び続け、逃げない家族が理想的なのではないかと考えます。

課題や問題の出現は、「家族の未完了」「未分化な側面を復元させるプロセス」につながっているわけで、「ファミリー・アイデンティティ」を獲得する機会だと言えます。家族は外部からの危機や試練に対しては比較的団結して適応しますが、内部からの問題に対しては脆弱な側面を露呈させるケースが多くみられます。

同時に世代間連鎖や家族システムの複世代の情動過程に脈々と受け継がれる未分化な側面や未解決、未完了な事柄に対しては、なすすべもなく機能不全状態となってしまうのも特徴です。さまざまな問題に対して適応することができる家族になるために、ここで家系研究の視点から家族システムの特徴について紹介しましょう。

「原家族の脚本」は「写本となる子ども世代」で花開く

子どもは、いつの時代も親の姿を見て育ちます。人は長くかかわってきた人の影響を受けやすいものです。幼少期には、人生の基礎となるものが親子関係を通じて培われます。不安なとき、親は何をしていたのか、困難をどのように乗り越えたのか、また、人生の各場面で何を思い、何を感じ、どのように向き合って生きてきたのか、仕事に対する向き合い方、人生の考え方、その他、多くの要素が親子の信頼につながるものです。

子どもの問題は間違いなく親の問題であり、親の問題は親自体の夫婦関係の問題に端を発します。さらに夫婦の問題は、生い立ち、それぞれの原家族との情動問題に端を発するもので、家族力を強化し、信頼基盤を構築させるには、夫婦がそれぞれの原家族を含め、歴史の情動過程をよく理解することが大切になるのです。

その原家族との情動問題とは、幼少期の親子の絆や原家族との信頼基盤のことを言いますが、幼少期に原家族から取り込まれたものは、ある意味、書き換えようのない「自分そのもの」です。特に母親との愛着の形成は、ストレス耐性、不安への適応機制、社会適応、家族適応など、その他、多くの面に波及します。

次に父と子どもの関係は、自立に深く関係し、主体性、独自性、意外性、社会性など「人倫・道徳」の側面で影響をおよぼすものです。私は家族システム理論に深い関心があり研究してきましたが、子どもの人生の脚本は、その親世代と、両家の祖父母世代の2代にわたる家族の機能形態が原本となります。

この2代の家族を原家族と言いますが、その原家族から取り込んだもののことを「インナーファミリー」「脚本」と言い、深く心の中に取り込まれています。もちろん成長とともに自ら修正を加えて自立していくのですが、自らが取り込んだ原家族の機能形態は、そのすべてを自分の力でとらえることはできません。

では、過去の脚本の書き換えは不可能なのでしょうか。

いいえ、そんなことはありません。答えは可能です。「インナーファミリー」や「脚本」は、自ら認

図表2－13

「原本」から「写本」で考える家族システム

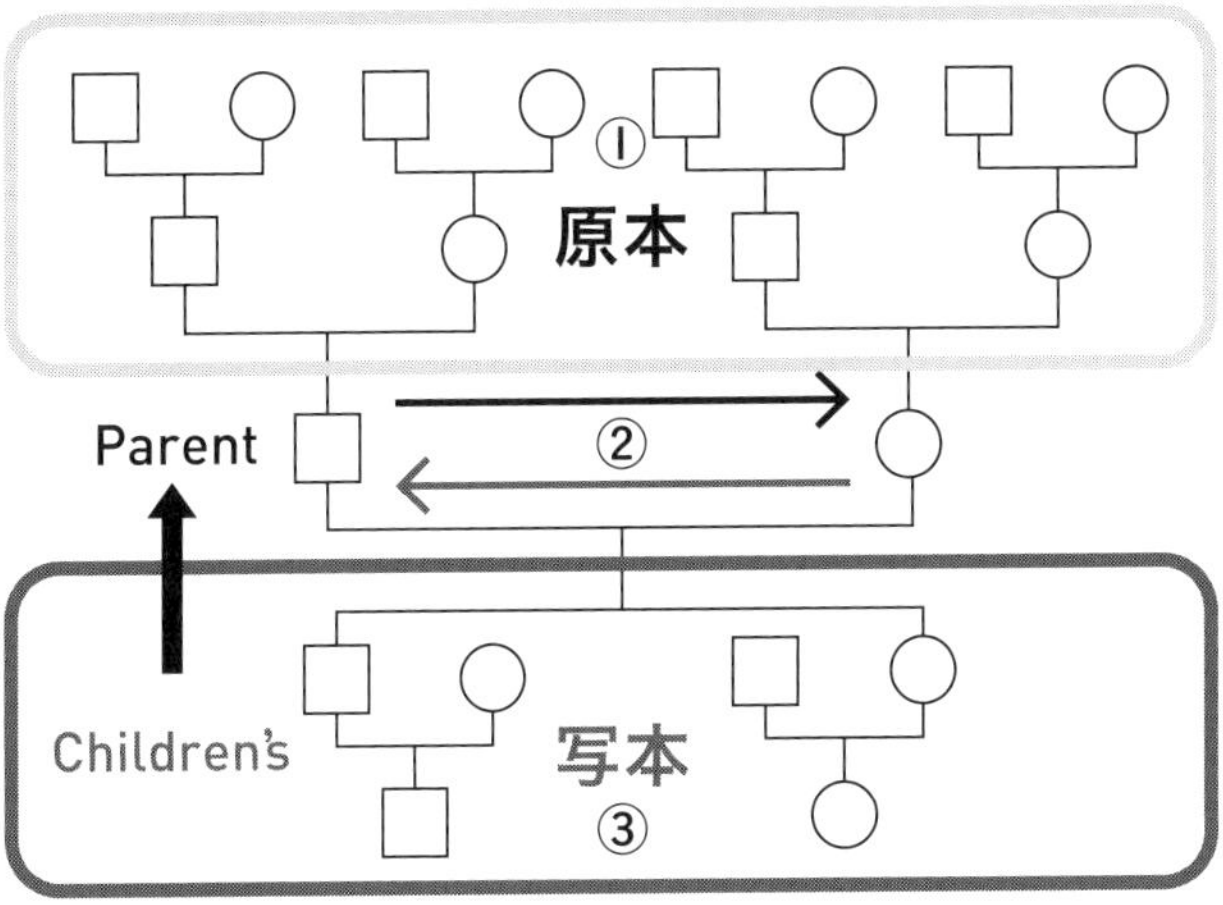

小川敬作成

知できる顕在的なものもあるためです。しかし、認知できない潜在的なものは、自らの配偶者選択、養育態度に波及し、その実相は生まれてくる子どもたちが、原家族内の脚本を再演するようになっています。

図表2－13から説明できるのは、

①原本は、

②夫婦の内面（インナーファミリー）に取り込まれ、

③写本となる子どもたちの家族に再演され、吐き出されるのです。

原家族内の脚本がどのようなものであったのかは、写本となる子どもたちによって明らかになります。ですから、脚本の書き換え、あるいはアップデートは、②の立場にある親が、③の立場にある子どもたちの家族の成長に寄り添って、彼らが成長する過程を通じて可能になります。子どもの成長に寄り添うことが、複世代に連なった家族システムの完成に大きく貢献するというものなのです。家族システムは、過去と未来につながる時間的なシステムです。

しかし、過去の未完了な側面や、未発達な側面を解消して「ほんとうの家族関係と事業承継」を生み出すためには、祖先たちの歴史を家族成員間で心情的に深く受け止め、祖先の願いと継承の目的を共有し、「利他」と「共生」という言葉を確実に実践しながら、家族と事業の両面を「統合」させることができて初めて、実現できるものではないかと考えます。

日本人は古来から、祭祀の場を通じて「利他」「共生」「統合」の3つのキーワードを実践してきたと言えるのです。

小川敬

家を継ぐ

「家」の組織化から見る「経営の意思決定」の基準

家系図からファミリービジネスを紐解き、原家族の脚本が次世代の写本となるという事実があることを説明しました。家族や親族の間にはほどよい関与があり、それによって信頼関係が築けることが大切であることにも触れました。

ところが実際は、「家」や「親族」は、面倒な存在であるため、ビジネスにできるだけ関与させたくない、と考えるオーナー経営者の方もまだまだ多いように思います。しかし、ファミリービジネスの基本モデルである3サークルモデルにあるように、ファミリーがビジネスに与える影響の大きさや重要性は言うまでもありません。日本では「ファミリー」というより「家」という単位で、ファミリービジネスへの関与のあり方がとらえられています。「家」やその構成員である「家族」「親族」といった個々の要素が、ビジネスにマイナスの影響を与えるのではないかと考え、ビジネスに対する「家」とのかかわりを遮断しているケースも見受けられます。

ファミリービジネスでは、「家」がビジネスに大きな影響を与えるのであれば、「家」という集団を「家族（血縁者）の集団」として見るのではなく、ビジネス同様「家」という集団を「組織」と見て、ビジネスや事業承継に有効に活かしていく「組織」として運用していくことが必要なのではないでしょうか。

ここでは、「家」を組織と考え、「家」という組織がファミリービジネスの「永続性」に寄与していくための取り組みについて、考えていきたいと思います。

①「単一の家」から「複合の家」へ

戦後創業の日本企業も70年のときが過ぎ、すでに3世代目、4世代目が経営者となっている企業も多くなってきました。最初は創業者とその家族の「単一の家」であったものが、時間とともに創業者の兄弟や子ども、さらにはその孫など含めた大きな家の集団となってきます。これを「複合の家」[6]と言い、本家、別家、分家などの複数の「単一の家」がひとつの家となっているのです。

ファミリービジネスの家は、最初、「単一の家」であっても、時間の経過やビジネスの成長とともに「複合の家」へと変化していきます。複合の家となっていくことで、多様な人材が輩出される可能性も高くなります。

キッコーマンでは、「創業家8家（複合の家）から会社に入れるのは1家から1世代1人だけ、役員になれる保証はない」[7]という不文律があります。そのため各家は優秀な人材をキッコーマンに入社させており、その人材が活躍し、キッコーマンの発展につながっています。

また、めいめいの単一の家が、さまざまな企業やステークホルダー、地域との結びつきを持ち、ファミリービジネスの拡大につながる貴重な資産でもあるのです。家という組織には、貴重な資産があり、複合の家となった組織をマネジメントしていく必要性が出てきます。

②日本人の特性から生まれる、集団に対する甘えの構造

日本人の特性について「同質性・均質性・一様性」が、そのひとつとして取り上げられます。土居健郎（1971）[8]は、この同質性から、相手に対して「対立する」のではなく「相手はわかってくれるもの」「同調してくれるもの」との期待から生ずる「甘えの意識」が社会基盤をつくっていると考えています。

特に、日本のファミリービジネスでは家の関係性の中で、「相手はわかってくれる」という甘えの構造があり、相互依存、相互信頼、そして対人関係に気遣う点が見えてくるのです。この甘えの構造がときとして、家と家、事業承継者間での溝を徐々に深めていくことにつながります。その結果が、ビジネスにとって「家」の存在を負担としているのです。

ファミリービジネスの永続性に向けて「複合の家」となり、日本人の特性である「甘えの構造」の存在を考えたとき、共通の考え方やルールが必要となってきます。100年以上続く老舗企業では、家訓・家憲のような「家の価値観や倫理」が設定されてきたのです。

みなさんも、すでに「複合の家」の立場にある場合、思い当たる点があるのではないでしょうか。

図表2－14

組織者の役割

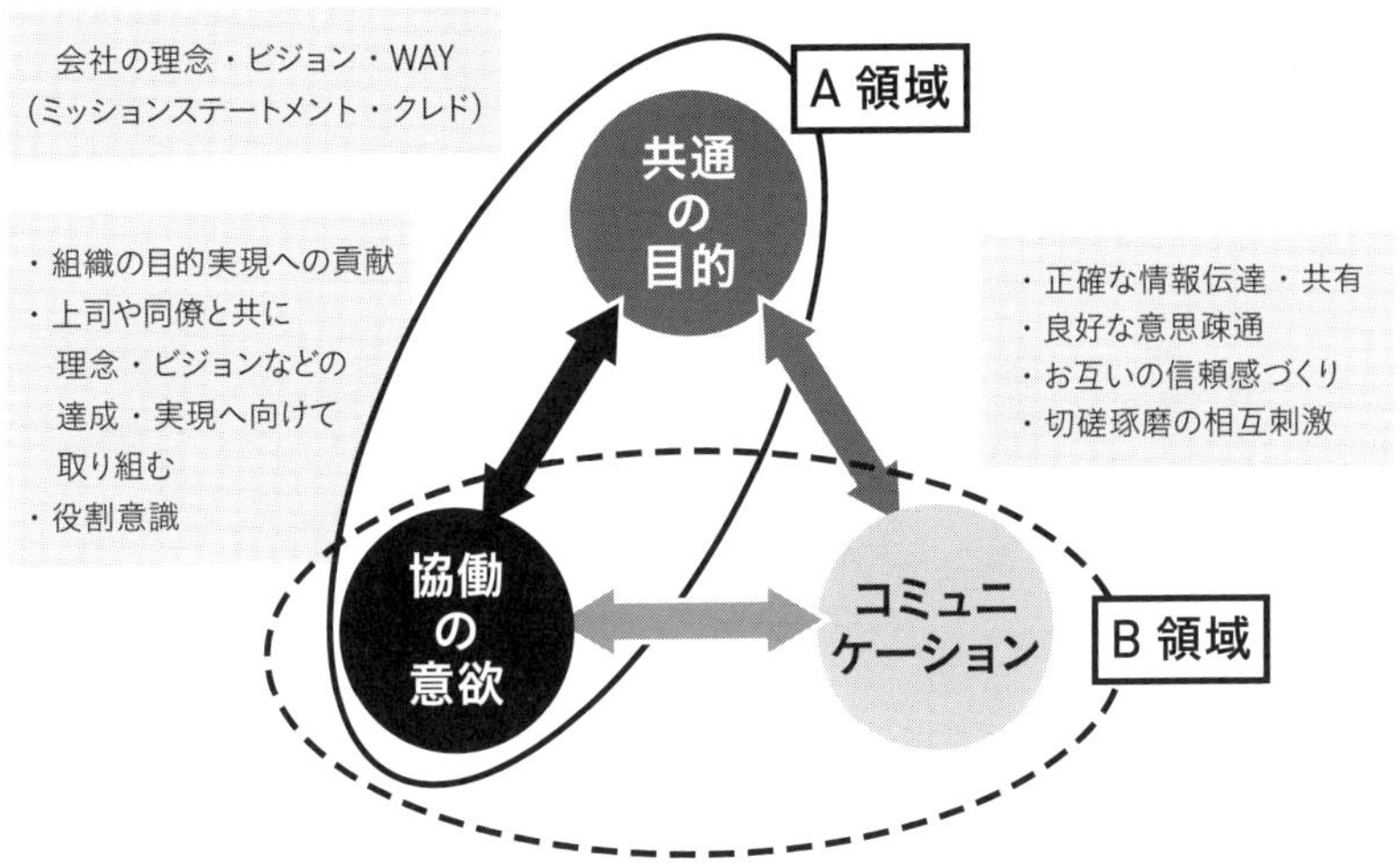

出典：C. I. バーナード（1938）を参考に筆者作成　© 2006-2018 Grasty Co.,Ltd.

「私たちは何ができるのか」を考える

では、組織と集団の違いとは何でしょうか。組織について基本的な考え方として、C・I・バーナードが1938年に発表した経営学の古典『経営者の役割⑨』で、組織成立の3つの要件として、

①共通の目的
②協働の意欲
③コミュニケーション

を上げています（図表2‐14参照）。複合の家となった家を組織化するためには、この3つの要件が必要となります。B領域については、ファミリー会議などの実行が有効です。

一方、A領域については、「共通の目的」や「協働の意欲」のそれぞれの家における定義が必要となってきます。それは、以下の2つを考えていくこと

です。

・「私たちはどこからきたのか」「私たちは何者か」「私たちはどこにいくのか」に応えていくこと。
・そのために「何ができるのか」「何をしなくてはいけないのか」「何をしたいのか」に応えること。

この問いを考えることでA領域が明らかになってきます。

変化の時代、不確実の時代には、さまざまな能力を持つ人材、さまざまなステークホルダーとつながっている人材を活かしていくことが大変重要であり、その資産が眠っている複合の家を組織化し、事業承継者が有効に活かしていくことが、生き残りの道筋をつくっていく有効な取り組みになってくるのです。

「家」を組織化していくために、A領域を設計していくには、誰が、どのように進めていくか、「4つのステップ」で考えていきましょう。

ステップ1　家の組織化に向け、プロジェクトメンバーを選出する

ファミリービジネスにとってファミリー（複合の家）の重要性やファミリーの資源（人、ステークホルダーの関係性など）を活かしていくことが、ビジネスの「永続性」に必要である、ということを共有し、一緒に進めていくメンバーを選出します。同じ世代（兄弟、従妹など）のメンバーが中心になって進めていくことが多いようです。

また、将来のファミリービジネスのあり方を見据えて「現経営者の世代」「その子どもたちの世代」

など、どの世代が取り組んでいくのが良いのか考えておくことも必要です。

ステップ2　家の構成員を整理、確認する

創業者からはじまり、その親戚兄弟、その子孫へと続いている事実を、ジェノグラム（32ページ参照）を使い、見える化・整理していきます。第4世代くらいになってくると、お互いの現状がわからないことが多くなってくるためです。そこでジェノグラムを見ながら、ファミリーの全体像をとらえるわけです。

ここで重要なのは、もれなく一人ひとり確認していくことでしょう。私たちの複合の家には、どんな多様な人材がいるのか、どんなステークホルダーとつながっているのかなど、構成員の状況を整理することで、複合の家にある、優良資産を発見することにつながります。

ステップ3　思い・価値観の共有をする

思い・価値観を共有するうえで、まず着目するのは、「企業理念、社是・社訓」などビジネスで大切にされている言葉と、家に脈々と伝わっている「訓示、家訓」などです。「企業理念はどうして生まれたのか」「この言葉はどうして生まれたのか」その原点を探るために、「家の歴史」と「企業の歴史」の両面を見ていきます。

家の歴史で重要なのは、「古くから伝わる、伝説や武勇伝とその裏側」を確認することです。祖父母などに、その歴史を聞くことからはじまります。すでに何度も聞いたことのある話かもしれませんが、年表に整理しながら聞いていくことで、新たな発見が出てきます。「家」に伝わる「思いや価値観、家訓」

などが、どうしてできてきたかを改めて確認しましょう。

企業の歴史で重要なのは、「経営における意思決定の基準」をはっきりとさせることです。企業のできごとの歴史は、社史として整理されています。そのできごとをたどりながら「この時代になぜ、このことを決断したのか」など、できごとの裏にある「意思決定の基準値」を明らかにしていくことが重要です。前世代の経営者だけでなく、同時代の幹部などのヒアリングが必要となります。

そして「意思決定の基準値」が「家に伝わる思い・価値観」と真につながって見えてくると、自分たちにとってファミリービジネスが大切なものであることを改めて認識し、私たちのファミリービジネスという基盤が生まれてきます。この取り組みを同世代のプロジェクトメンバーで行うことで、「共通の目的の共有」を図ることができるのです。

ステップ4　自分たちの役割を考える

このステップは、ステップ3の活動を通じて生まれる私たちのファミリービジネスという考え方から、何ができるのかを考えることです。

一人ひとり、一つひとつの家の強みや得意は何か。地域との関係性などを振り返り、お互いに何ができるかを考えます。自分は「何ができるのか（Can）」「何をすべきなのか（Must）」「何をしたいのか（Will）」を、他のメンバーと共有するのです。また、顧客に対して（CS）、従業員に対して（ES）、地域や社会に対して（SDGsなど）、どうしたいのかを考えていきます。結果として、この取り組みは、家の未来とビジネスの未来の両面を考える機会にもなっていきます。

「家」の組織化の取り組みは、「私たちがどこからきて、私たちは何者か」を共有し、さらには、「私たちはどこにいくのか」を考えることにつながっていきます。それは、ビジネスの永続性に向けたビジョン創りにつながります。

この活動を推進していくためには、客観的かつ多面的な視点、視野、視座で、論点を提示し、同世代のファミリーによるディスカッションを深めていく必要があるのです。

環境変化の激しい現代、ファミリービジネスがさまざまなチャレンジをしていくうえで、複合の家を組織化し、価値観を共有した人的資源、多方面のステークホルダーとつながりなど、家組織の資源を有効活用することが求められているのではないでしょうか。

ファミリーシステム 家族療法から見る事業承継

平林秀樹

「家」の組織化について理解してもらえたところで、事業承継をするときに必要になる親と子どものコミュニケーションの現実と課題について掘り下げてみましょう。

事業承継は、親と子ども、先代と次世代が議論し、計画し、トライ&エラーを重ねながら実施していくのが理想的です。しかし、家族に話し合いの文化がなく取り組みを先延ばしにしていると、予期せぬ事態が生じて初めて、向き合わざるをえないこともあります。

《事例1》社長の急死で遺された妻が新社長へ

2代目社長（72歳）が心疾患で急死したのが、1年前のこと。遺された妻（71歳）が、急場しのぎで社長職に就き、長女（37歳）、長男（35歳）、次男（32歳）とともに会社の存続、立て直しに翻弄しました。当初、社内で言外に描かれていたのは、経理職にあった長女の夫（40歳）が長男をサポートしつつ、いずれは長男が社長に、という筋書きでした。

ところが、先代が亡くなった後、夫の重圧から解放された妻（3代目社長）は、口では「早く社長を代わってほしい」と言うのですが、もともとの社交的な性格が息を吹き返したかのように、現場や取引先に出向き、「先代だったらこうしたはず」と指揮をふるいます。そのため、なかなか思うように事業承継の計画が進みません。

先代が亡くなった後、遺された家族には、悲しんでいる暇もなく、「会社の存続」「雇用や事業の持続可能性」を急ピッチで考えなければならない重圧がのしかかります。家族は一見、まとまってお互いを思いやり、一致団結してビジネスファーストを目指します。あるいはそうせざるをえないと腹をくくり、自分の気持ちやこれまでの確執は脇に置いて、ビジネスの継続・発展のために邁進します。

岡山の日本を代表するバイオメーカー「林原」がそうでした。父親が60代で急死した後、後を継いだ息子世代のもと、世界的な企業へと成長。先代の死後、このように急拡大、急成長を遂げるケースが、ファミリービジネスには少なくありません。しかし、その勢いは続かず、林原は残念ながら家族経営の破綻へと帰結しました。

図表2－15

〈事例1〉のジェノグラム

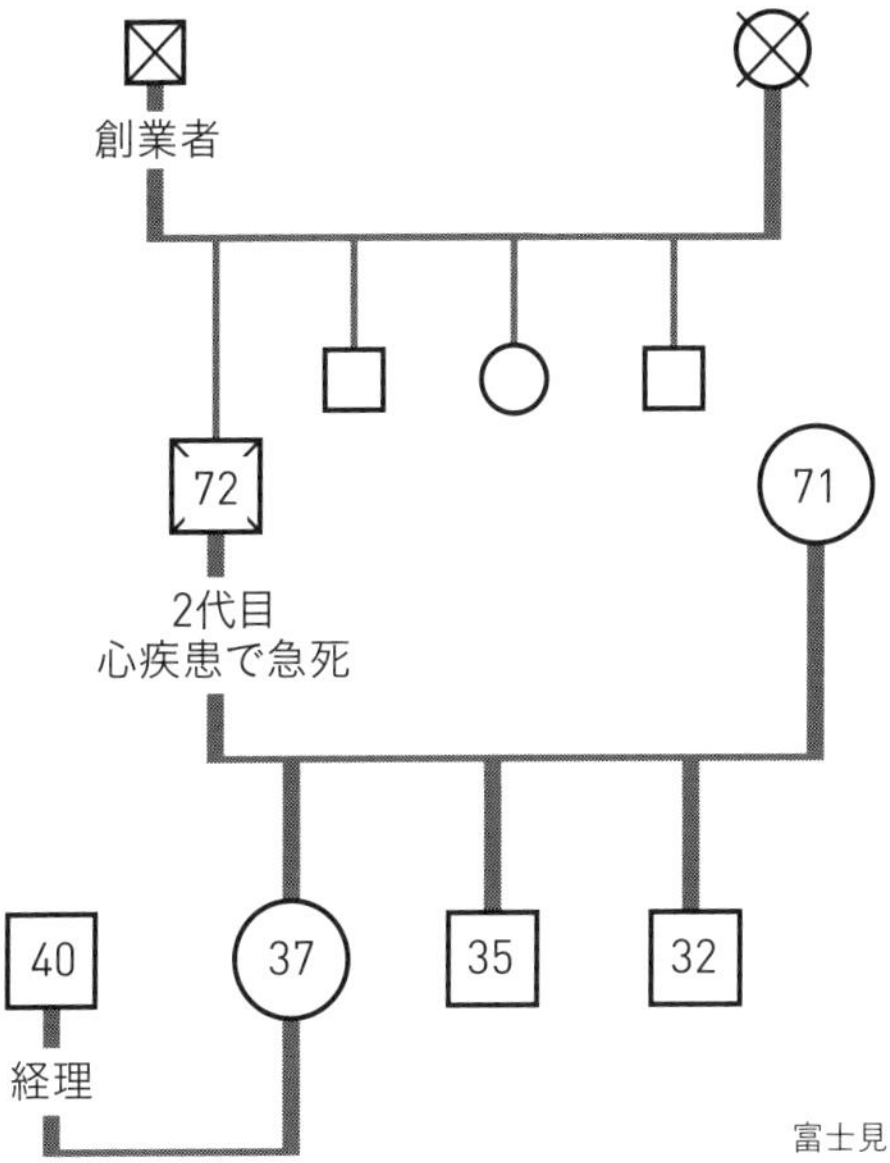

富士見ユキオ・岸原千雅子作成

なぜでしょう。ファミリーの心理から考えると、先代の急死という衝撃、ショック、悲しみの気持ちを感じる間もなく走らざるをえない、というところに落とし穴があります。ここには心理学的には、「躁的防衛」という、「心の守り方」が働いています。この先を思うと不安でたまらない。しかし、その不安や恐怖に心の照準を合わせてしまうと、絶望や落ち込み、ぽっかりと穴の開いてしまった虚しさに呑み込まれそうになる。その気持ちから心を守るため、気分を高揚させ、家族は、かりそめの団結で盛り上がり、一時的に力を発揮します。

しかし、躁的防衛は「バブル」気分の状態なため長続きせず、早晩亀裂が入り、崩壊がはじまります。

跡継ぎを予定していた長男や長女、あるいは娘婿が突然亡くなる、というケースでも同様のことは起こります。こちらのほうが、あてがはずれた絶望や幻滅が深い分、家族にはサポートが必要な場合が少なくありません。

後継社長となった母は、母の部分をかなぐり捨て、強い親の役割を必死で担おうとするかもしれません。それに対して子どもは、母を助けなければならない。あるいは、「立派」にならなければいけない。そういう気持ちから、こちらも必死でがんばる。ここには家族としての心理的な「安全基地」がなくなってしまいます。また、安全を考える暇もありません。

売上を伸ばし、利益を上げることが、安心・安全につながると思っていますが、躁的防衛によって放置された悲しみや失望は、手つかずのままです。ビジネスや相続のアドバイスに加え、家族の心の安心・安全を支援し、傷ついた心を手当てして、そのうえで団結できるように支援されることで、結果としてビジネスの永続性が担保できるのです。

《事例2》事業を承継したいが長男の酒好きが心配

先代の夫婦は、すでに80代。できるだけ早く、子どもの世代に事業を承継したいと考えています。先代の妻が気がかりなのは、長男夫婦のこと。長男は若いころから酒好きで、アルコールがらみの問題が絶えませんでした。

案じた先代妻は、長男を支えるしっかりものの娘を、知人の世話で嫁に迎えたのですが、嫁と長男の仲は冷え切っています。

先代も若いころは酒を飲むと暴れる人で、妻は夜になると子どもたちを連れて逃げ、近くの畑に身を潜めた体験もあります。その影響もあり、先代妻は長男を溺愛して育てました。

図表2－16

〈事例2〉のジェノグラム

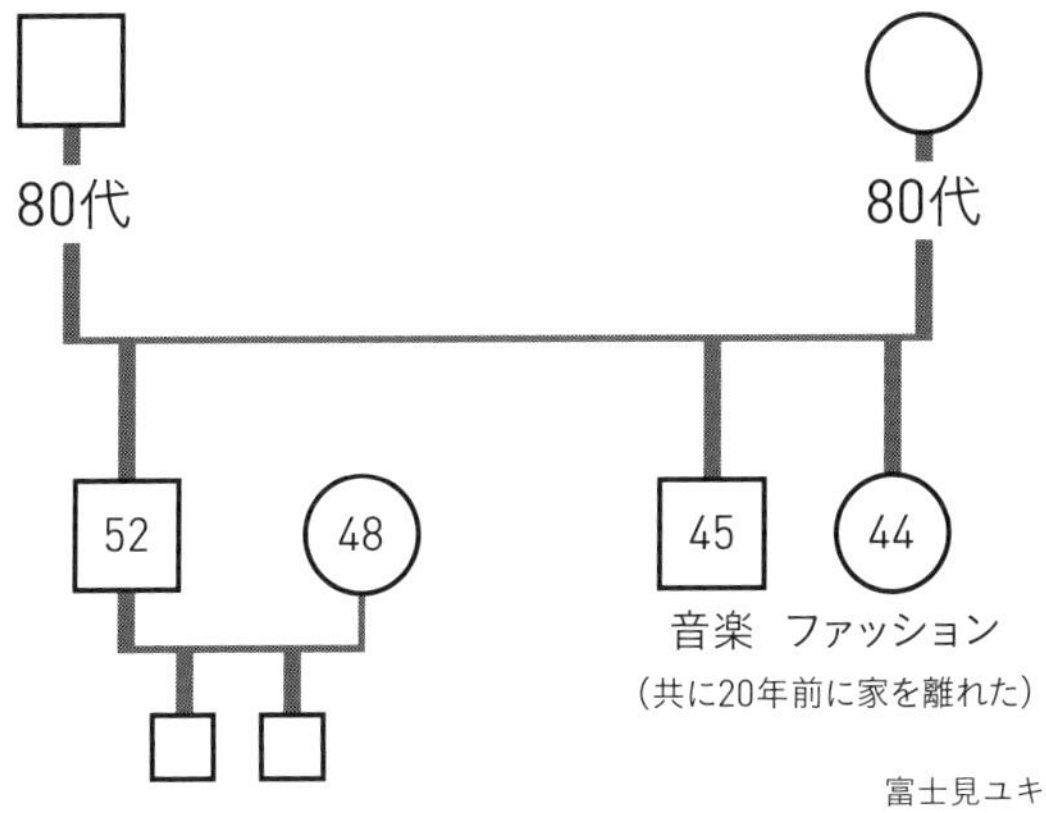

富士見ユキオ・岸原千雅子作成

一方、長男は父親に反発してぶつかることが多く、ビジネス上の話し合いがうまくいきません。
長男は現在52歳。他に次男（45歳）、長女（44歳）がいますが、次男は音楽の道を、また長女はファッション関係の道を目指し、ともに20歳前後に家を離れたきり、ビジネスには一切関与していません。

アルコールと暴力。それはファミリービジネスの家族に、もっとも多い隠された課題と言っても過言ではありません。ビジネス面では当然ながら表には出ませんが、水面下で家族は苦しんでおり、ファミリーセラピー（家族療法）の場面で打ち明けられることは少なくありません。

この事例では、先代の妻（母）自身が、酒びたりで暴力をふるう、家族を困らせた夫におびえながらも子どもや家を守り、必死で生きてこざるをえなかった歴史があります。こうした家族では、母と長男の密着が強くなりがちで、夫との間で満たされないものを、長男を溺愛することで無意識に埋める傾向があります。

後継者（ここでは長男）が父とぶつかるのは、実は母が諦め、表に出すまいとしてきた、父への「復讐」晴らしの可能性があります。母の思いを暗黙裡に汲み、母の代わりに父を攻撃する。この攻撃や破壊のエネルギーが、父への反発のみならず、ビジネスを破壊・自滅させる危険があるため、家族の関係や心理面での援助が必要になります。

この家族では、ジェノグラムという家族図（図表2-16）を作成し、取り組みをはじめました。そこで見えてきたのは、アルコールと暴力が、世代を超えて受け継がれているという「世代間連鎖」の図式でした。

家族療法「破壊的権利付与」の考え方

家族療法の考え方に、「破壊的権利付与」と言われるものがあります。私たちは誰もが家族の中で、前の世代から受け継いできた、心理的な遺産のようなものを抱えて育ちます。第1章、第2章で触れているように、見える遺産（不動産、株、お金など）と違い、心理的な遺産は目に見えません。心理的遺産には、伝統や教育を通じて承継される肯定的なものだけでなく、否定的なものもあります。その一例が「破壊的権利付与」で、たとえば、暴力を受けて育ってくると、自分も同じことをする「権利が与えられた」かのように心に刻印され、パートナーや次世代に対し、同じように振舞ってしまうのです。

こうした点が家族で話し合われ、長女や次男が家を離れた動機が、負の遺産から逃れるためだったということがオープンにされたことで、この家族では次男が家に戻って後継者となり、兄の長男とともに家業を継ぐということで合意形成が生まれました。

また、ジェノグラムで浮き彫りになったのが、アーティストの存在。初代の「創業」、および2代目以降の新事業展開やイノベーション自体、そもそもクリエイティブな営みと言えます。その意味で、ファミリービジネスの家族メンバーには、アーティストの素養を備えた人が多いのかもしれません。ビジネスから離れ、音楽や美術の道に進む家族メンバーが、事業承継の際にクローズアップされ、その素養が活かされることで、ビジネスの可能性が拡がる場合もあります。

ファミリーセラピストは、ジェノグラムという家族図を通じて、何世代にもわたって受け継がれてきた「遺産（レガシー）」を見出し、事業承継の成功へとつなぐ応援をします。

《事例3》長男と長女の関係が悪く承継の話ができない

創業者夫妻（夫69歳、妻67歳）には、長女（45歳）と長男（40歳）の2人の子どもがいます。夫は商社に10年間務めた後、独立して会社を興し、寝る間も惜しんで働いてきました。妻は専業主婦。長女は大卒後、証券会社に5年務め、また、長男は大学院を出た後、大手銀行に4年勤務し、それぞれ父親の会社に転職しました。

家を守ってきた意識の強い妻は、会社の跡継ぎは長男に、と思ってきました。しかし、社長である夫は、幼いころから長女をかわいがり、特に長女が社内結婚で創業以来の社員と結婚してから、後継者は娘と娘婿に、という考えです。結婚して45年あまり夫の浮気にも我慢し、目をつぶってきた妻としては、夫の考えに初めて対立を表明した形になりました。

問題は、それまで仲が良かった姉と弟の関係が悪いこと。ふたりとも結婚して子どもがいま

図表2－17

〈事例3〉のジェノグラム

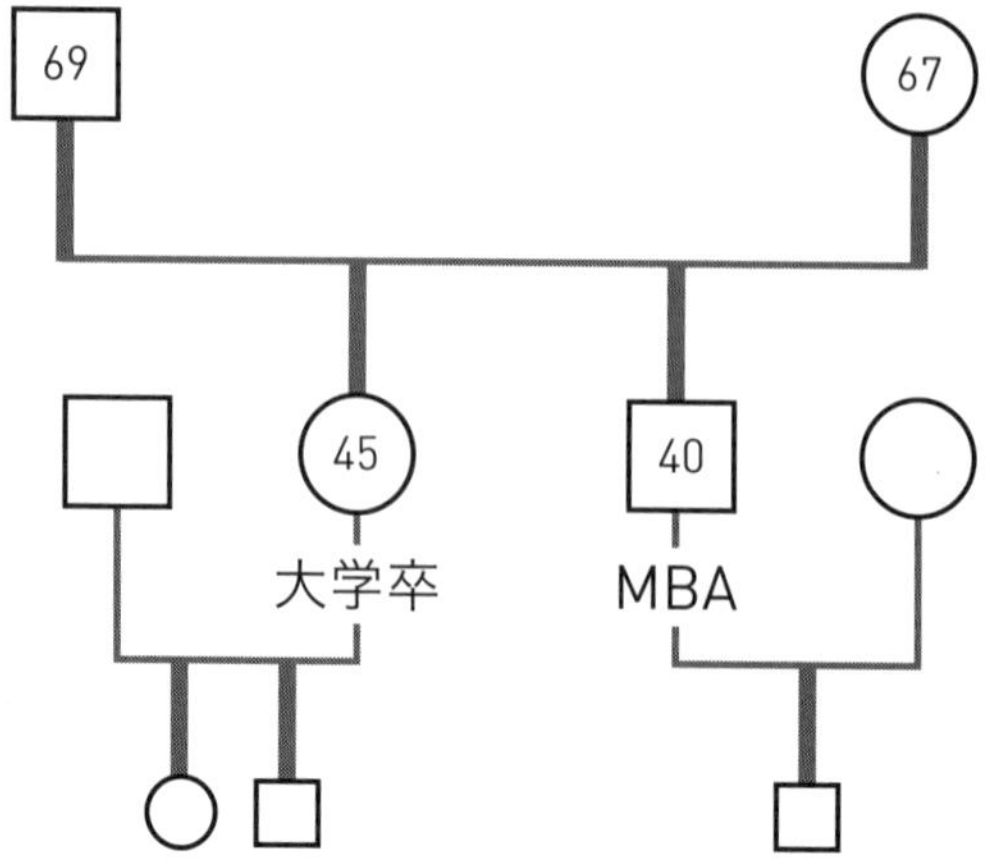

富士見ユキオ・岸原千雅子作成

すが、かたや長女と、父親の会社で力を持つ長女の夫のカップル。かたやMBAを持つ長男と専業主婦の長男の妻というカップル。この4者のバランスも影響し、きょうだい2人の間で話ができなくなっており、事業承継の計画も進みません。

父と母の夫婦関係が冷たく、分裂しているケースでは、この事例のように、きょうだい関係で「代理戦争」が生じやすくなります。母は長男を、父は長女をかわいがってきました。夫婦の亀裂のもとに育つきょうだいは幼少時には、冷たい戦時下での生き残りのため、肩を寄せ合うように生きる仲のよさを見せるのですが、成長し、特に両方とも結婚したあとに、父と母の対立を承継してきょうだい仲が悪くなる、という悲しい事態が起こります。

葛藤や対立を避け、向き合わないできた夫婦が陥りがちなのが、表面的には問題なく見えたとしても、「心の離れた・うわの空家族（disengaged family）」です。情緒的交流や親密さが少なく、冷たさ、シラケ、退屈さといった空気に支配されています。こうした家族では、子どもは親の目を盗んでズルをする、上手いことやる、非行に走る、といったことが起きやすい、と言われます。

反対に、家族関係が密でぐちゃぐちゃ、境界線があいまいな家族を「絡み合い家族（enmeshed family）」と言い、事例2のようなアルコール・暴力が潜在・顕在することがよくあります。しかし「絡み合い家族」同様、「心の離れた、うわの空家族」でも、不倫や依存症、心身症などで苦しむことも多くなり、注意が必要です。

夫婦間の対立や葛藤を避けるために、親と子どもが連合関係をつくり、もうひとりの親を巧妙に排除しようとする図式を家族療法的には、「世代横断連合」と言います。S・ミニューチンは、これを「硬直した三者関係」、M・ボーエンは「病的三角関係」、J・ヘイリーは「ひねくれた三角形」と呼びました。こうした図式を見抜くことは、誰かのせいにするのではなく、家族がともに、目的に向けて協力し合っていく体制づくりには欠かせないポイントです。

家族療法で大事なのは「犯人さがしをしない」こと

「犯人さがしをしない」というのが、家族療法の見方のポイントです。たとえば、事業承継がうまくいかないのは、子どもが原因（子どもの準備ができていない、未熟、経験が足りない）とも見ないし、親が悪い（早くから準備をしてこなかったから、引退が遅すぎる、しがみつきすぎている）と、一面的に断定しない。家族のみんなが、自分以外の誰かが原因で、その人が変わればよくなる、と考えています。犯人さがしをしても、ただ順繰りにそれが循環するだけで、結局のところ、問題の解決にはならないからです。

ではどう見るのか。家族というシステム全体のひずみが、たまたまいまの課題に現れている、という見方をします。いまの問題があることで、恩恵が何かあるはずです。たとえば、事例3では、夫婦の冷たい関係を見ないようにできる、という恩恵がありました。

このように、問題を維持している無意識的な関係のパターンが必ずあります。なぜ、この問題を維持せざるをえないのか、その背景が家族メンバーに俯瞰できると、代替のパターン、より幸福な、より持続可能なあり方がわかってきます。

満足のいく、幸福な、そして未来志向の事業承継が実現されていくのです。その見方を提供し、ともに探求し、解決へと導くのがファミリーセラピストの仕事です。

富士見ユキオ　岸原千雅子

バトンタッチ

リーダー交代の対話をつくるトランジション理論

ファミリーが将来をイメージしたいとき、あるいはファミリーが心のケアを必要とするときにケアする仕事にコーチングがあります。

具体的に言えばエグゼクティブコーチングは、主に経営者の意思決定をサポートするサービスです。コーチは、経営者が自分の強みをベースに自分らしくリーダーシップを発揮し、企業経営をしていくうえで目指す成果を生み出せるように、長期にわたりサポートをします。20年近くさまざまなリーダーをコーチしてきた経験から、今回、ファミリービジネスおけるリーダーの支援のあり方を考えます。そのために、2つのポイントに注目したいと思います。

①旧リーダーは、新リーダーのコーチ役となることはできるのか（ファミリーにしかできないことは何か）。

②エグゼクティブコーチ（外部支援者）にしかできないことは何か。強みは何か。

先代とアトツギにしかできない対話とは何か

私の経験則でしかありませんが、組織の中に新旧2人のリーダーが存在したとき、2者（ファミリービジネスの場合は親子）が激しく言い争うような関係よりも多くの場合は、遠慮して本当に必要な会話をしなくなってしまうケースの方が多いように感じます。

旧リーダーは、新リーダーのことを尊重して見守る。求められたらサポートしようとするあまり遠慮してしまう。言いたいことをグッと抑える、などが見られます。また、新リーダーは自力で窮地を乗り越えようとしますが、孤立したり、周囲を不安にさせてしまう。その結果として、2者の間に必要な会話がないままにさまざまな手続きやイベントが進んでしまい、事業をバトンタッチするケースです。これは、ファミリービジネスに限ったことではなく、多くの組織で見られる現象で、日本人的とも言えるのかもしれません。

リーダーのトランジション（転換期・過渡期）は、役割のバトンタッチのみならず、お互いの気持ちの切替えにもつながり、組織としても新しい時代を迎える重要な転換期です。トランジションがうまく行われない場合に、どのようなことが起きるのでしょうか。

・旧リーダーがいつまでも影響しようとし、結果として新リーダーの評価が下がる。
・旧リーダーの叡智が個人にも組織にも生かされない。
・誰も立ち入れない領域（話題）ができ、組織運営の問題となる。
・新旧リーダーの間の不安が影響し、組織や家庭への不安や不信感につながる。
・新しいことがはじまらない。または、一旦変化しても元に戻ってしまう（前向きな変化、人の成長やチャレンジなど）。

私が大切にしている考え方のひとつに組織のトランジションがあります。「トランジション理論」は、米国の人材系コンサルタント、ウィリアム・ブリッジズ氏が提唱しているものです。ブリッジズ氏は、トランジションには、３つの段階があると考えています。

①第１段階（何かが終わる）
②第２段階（ニュートラルゾーン）
③第３段階（何かがはじまる）

です。第１段階の目的は、何かが終わることにあります。自分の意思であれ、そうではないにせよ、何かが終わることに対して、当事者やそのできごとに深くかかわった人たちには、心理的なインパクトがともないます。

事業承継やM&Aはそのひとつであり、当事者である前社長や前社長と時代を共にしてきた社員などは喪失感や新しくはじまることへの抵抗感を感じることもあると言われています。第2段階は、第1段階のインパクトを受け止めて耐えるべき時期です。実はこのニュートラルゾーンがとても大切であり、ここでこそ親子が対話をするひとつのポイントです。終ったことをしっかり味わいきることで、第3段階がはじまります。

トランジションを実現するために、新旧リーダーの親子2者で一度はこのような対話をしてみることが大切です。

・新リーダーは、旧リーダーの「終わることについてどのように受け止めているか」を尋ね、じっくり聴く。さまざまな体験を引き出し、組織にどのような恩恵があったのかをしっかり感謝・認知することができる。
・旧リーダーは聞かれたことに対して率直に話し、自分自身に向き合う。これまでを労い、いまの役割にピリオドを打つ。

第2段階をしっかり完了することで、旧リーダーは新リーダーの話をニュートラルに聞き、コーチや必要なアドバイスができるようになるはずです。

外部支援者がサポートできること、できないこと

親子間のコーチングは、基本的にむずかしいとされています。どうしても思いが強く、コントロール

しようとしてしまうからです。だからこそ、コーチやファミリービジネスアドバイザー（外部支援者）が効果的な領域もあるのです。

外部支援者だからこそサポートできることは、次のテーマです。

・親しい間柄だからこそ、センシティブなテーマのシステム（関係性）のコーチ。
・対立がある場合など、むずかしい関係の対話を支援するファシリテーションや介入。
・エグゼクティブコーチングによるビジネス領域の意思決定のサポート。
・経営やビジネスチームのチームビルディングや意図的な共同関係づくりの支援。
・会社の風土を意図して変えていくための組織開発。

長期にわたり重要事項を決まった人間関係で執行しているファミリービジネスこそ、知らない間に独自のやり方になりやすく、外部の人間だからこそ気づいたり、違和感や疑問を感じたりすることができるのが、外部支援者の最大の強みです。

近年、エグゼクティブコーチングやさまざまなコンサルティングサービスを受ける経営者が増えました。それはそれで意味があることですが、ファミリービジネスのリーダーシップの移行期には、２人のリーダーの存在があることを念頭において支援をする必要があります。

ここで、私がコーチとしてかかわった、ある食品加工会社で実際にあった父とアトツギ息子の葛藤を「トランジション」の考えに当てはめて説明していくことにしましょう。

父から息子へ事業承継したY社

Y社は先祖代々都心に大きな土地を所有しています。所有地には事務所と生産現場がありました。国内にいくつかの工場もあり、現社長（2代目）の代から積極的な設備投資を行い、生産体制が整い、雇用も増えていました。課題はありながらも、経営はうまくいっています。あるとき、上場企業で働いていた息子の武さん（40代）がこの企業に戻ってきます。部長に着任した武さんは、さまざまな改革に精力的に取り組み、実績を積み重ねます。

そして、社長は少しずつ結果を積み重ねる武さんを尊重し、口出しをせずに見守ろうと決心したようです。

私は社長から依頼を受け、武さんのコーチをしていました。武さんは会社に対しての課題意識もあり、前向きに取り組んでいました。物腰も柔らかく知的な印象で、経営大学院で学んだ経験もあり、人脈も広く、次の代への代替わりを誰もが意識しはじめました。

社長と武さんは男同士だからか会話の量は多くないにしろ、会社では会議もあり、週に何度か昼食も一緒のようでした。

会社の改革は目に見えて進んできました。ECサイトをつくり、人事制度の見直しなどもはじまりました。それに付随した問題も起きますが、武さんの考えたことの大半は実行されていきました。初めは不満や不安を口にしていた従業員も、会社が変わっていくことに少しずつ慣れていったのです。

この頃には、いろいろな事態が急スピードで進みはじめました。
・業績が上向き、武さんが役員となる。同時に武さんが前職で一緒だった人事担当者が入社。経営の相談をする仲間が増える。
・社長に病気が発覚。ことなきを得たものの、本格的に事業承継が進みはじめる。
・社長と武さんのやり方の違いを「意思疎通ができていない」と受け取り、要職のメンバーが関係の近い母親に不満を打ち明ける。
・武さんのパートナーが、実は家業を継ぐことに反対していることが発覚する（子どもに継がせたくない。自分の将来は自分で決めてほしい）。
武さんは懸命に会社の課題に取り組みつつも、どこか虚しさを感じはじめていたようです。

社長が武さんの代表取締役就任の時期を話し合おうとしはじめたとき、これらの問題が2人の間で本格的に共有されることになります。そして、自然と対話がはじまりました。
武さんのコーチだった私は社長の招き入れで少し後に、この会話に参加することになります。まずは武さんの前で、社長のヒアリングを行いました。その後は、同じ形式で武さんの話を聞きました。このあたりからこの組織の「これまで」「いま」「これから」について数回にわたって話し合いをしました。

次第に武さんは社長に、もうひとりのコーチという役割を求めはじめました。父親の経験を聞き、自分で判断するスタイルに変わりました。社長は仕事上での武さんの能力を尊重することと同時に、率先して社員と会話をして武さんのサポート役に回りました。武さんはパートナーとも対話を重ね、家族の未来について方向性を重ねることができるようになったそうです。

トランジションは、このようにして起きました。結果、この時間の後には2人がそれぞれの役割を意識しはじめることにより、社内のムードも前向きなムードになってきたのです。代表取締役になった武さんは、ますます本格的に能力を発揮し、新しい道を切り開いています。

組織のトランジションをどのように意識するのかは、ファミリービジネスの当事者にとっても、コーチにとっても、とても重要なことです。組織はときに生きもののように存在感があり、ひとりのリーダーの力ではどうにもならないケースもたくさん見てきました。

リーダーシップを支援することと合わせて、当事者と組織の特徴を理解しながら新旧のリーダーシップのバトンタッチを進めることができると、そこから自然と新しいことがスタートしていきます。長く続く部族の間には、儀式の存在がとても大切にされてきました。そこでは必ず旧リーダーと新リーダーの対話が行われていると聞きます。この重要な変化のタイミングにかかわる外部支援者は、トランジションの3つのステップがあることを心に留めて、変化を乗り越えることが求められているのです。

上田雅美

交代プロセス

アトツギ娘のジレンマ——自己アイデンティティの確立

トランジションのニュートラルゾーンは、自分の中で家業の意味づけを整理する良い機会にもなります。

創業者である父のもとに長女（一人娘）として生まれた私にとって、ニュートラルゾーンは妊娠・出産期でした。「娘」から「母」になったとき、やっと「娘」から「経営者」の目線で家業を見ることができるようになり、「自分のピラミッド」（41ページの図表2-7参照）をつくることを自分に許すことができるようにもなったように思います。

これは、ニュートラルゾーンを味わったことで、

①家業が販売する製品・サービスを愛し、
②家族と一緒に働く中で自分の考えを尊重できる。

この2つを満たせる状態になれたからです。この2つは、女性後継者がリーダーシップをとっていくにあたりとても大切なことです。

私は決して、親思いのいい娘ではありません。ただ小さい頃からそばにあった家業を失いたくないという思いと、両親がイキイキと仕事をしている姿や苦労している姿を見る中で、家族としてサポートしたいという家族愛——感情的なもの——が私の何かを突き動かしていただけにすぎませんでした。そし

てそれが、自分を苦しめてもいました。

ここでは、私自身が経験した葛藤も含めて、女性後継者がアトツギとして家業と自分自身の仕事に誇りを持ち、働き続けるために重要な点を整理していきたいと思います。

ビジネスを育てる中で「アトツギ」が乗り越えるべき課題

父はいまから30年ほど前に会計事務所を開業しました。母はもともと助産師でしたが、父の会計事務所の開業にともない退職しました。いまとなっては、記帳代行のほぼすべてを切り盛りする肝の据わった母です。

6人兄弟の末っ子の父は、幼い頃は身体が弱く、丈夫な身体を手に入れたいと願い、当時は自衛隊の中でも最も厳しいと言われていた北海道の千歳駐屯地を選び入隊。自衛隊の訓練は厳しかったそうですが、そんな環境下でも挫折することなく、訓練を終えました。その後、税理士見習いとして会計事務所に勤務しながら税理士試験を受けて合格。会計事務所を開業しました。

会計事務所を開業した当時は事務所と自宅が近かったこともあり、私が小学生の頃、学校から帰宅するのは事務所の方で、仕事中にもかかわらず母と所員の方はいつも温かく迎い入れてくれていたのをよく覚えています。この暮らしが当たり前だった私は、事務所は大人たちにその日のできごとを聞いてもらう場であり、第二のわが家のような存在でもありました。

こんな生活ですから、中学生になった私は当然のように、お客様への郵送物の発送準備や事務所に届いた領収書の簡単な整理などを手伝うようになり、徐々にお客様の名前も覚えるようになっていきました。しかし、将来の夢は？　と言えば、ツアーコンダクターになることでした。家の仕事を手伝うことはできても、いざ家業を継ぐか？　と問われればピンときていない自分がいたのでした。

それでも「女の子は手に職を」という教えもあり、手はじめに簿記3級の勉強をしたのですが、試験を受けるも不合格。しかも一度ではありません。仕事に向き不向きがあるなら、間違いなく不向きだったのでしょう。それでも自衛隊に入り、強度な運動や集団生活といった自分の弱点を克服した父の生き方を尊敬していたので、苦手を克服してこそ人生という考えから抜けられず、会計士試験を目指しました。それまで運動ばかりしてきた私には、会計士の試験勉強は生き地獄でしたが、何とか2度目の挑戦で試験に合格することができ、翌年には監査法人に入所しました。

ところが、せっかく監査法人に入所できたにもかかわらず、入所した翌月には海外ウェディングを得意とするウェディングプランナーの養成学校に入校。週末に通い、監査法人との両立を目指しました。数字を相手にするのではなく、人を相手にする仕事につきたいという思いからの行動でした。

家族以上に大切なものはない、という価値観が強く自分を支配し、両親をサポートしたい娘としての自分、一方で家業とは切り離され、自由に自分の好きな人生を歩みたい自分の間で揺れ動き、地に足のつかない思いと行動がちぐはぐな20代を過ごすことになります。

ここまでが私の体験談であり、自己開示ですが、その後、日本ファミリービジネスアドバイザー協会に出会い、ファミリービジネスを学ぶと、ファミリービジネスには私が感じていた以上にさまざまな葛藤がとりまき、調整が必要な世界であることを知りました。自分の葛藤が肯定され、身を救われたような思いがしたとともに、アトツギ娘として整理できたこともたくさんありました。

まず、ファミリービジネスにはライフステージごとに起こり得る課題を予測したフレームワークが存在するということです（3次元発展モデル／39ページの図表2-5参照）。ライフステージは大きく4つに分けられていました。

①結婚から子育て期間。
②子どもが親の元で働くかどうかを決断するまでの期間。
③親とともに家業で働く期間。
④世代交代を迎える期間。

です。たとえば、①結婚から子育て期間であれば、重要課題として、次のことが挙げられています[10]。

・配偶者や親密なパートナーと関係を確立していく（子どもを持つ場合には、子どもがまだ小さいうちに）。これは、お互いがどのような結婚生活を送りたいか、どのような仕事をしたいか、成し遂げたいことは何か、子どもを持ちたいのか、どのように子育てしたいのか、相手に期待することは何か、などについて話し合い、お互いの了解を得ていくということです。
・若い夫婦は、自分たちの時間のすべてを仕事に注ぎすぎないよう意識的に努力すること。子育てでは、会社に対する親の姿勢や価値観、会社がもたらす生活の質、結婚生活や家族関係におよぼす会社の影響など、ファミリービジネスに対する子どもの印象を形成することに留意すること。

これらはいずれも、家業にかかわる若い夫婦・カップルは、「夫婦一対一」の関係だけでなく「家庭環境やビジネスの状況」といった要素を絡めて2人の関係を考えてしまいがちですが、そうではなく、「自分たちが独立した若いファミリーであるというアイデンティティ」をしっかり持ち、結婚に対する自分たち独自のコンセプトや役割に焦点を当てて考えることが必要であることを伝えています。

私も結婚当初は、休みなく働き続ける両親のもとで育ったこと、アトツギとしてまだ経験の浅い自分に負い目があったこともあり、夕食をゆっくり食べたり、週末に仕事をせずに過ごすことに強い罪悪感を覚えました。

自分が決めてそうしているのにもかかわらずです。この気持ちが解消に向かったのは、ニュートラルゾーンを体験した出産後でした。子どもが生まれて夫と子どもと新しい家族をつくることで、やっと優先する家族を両親からシフトさせることができました。

家業と一線を引く勇気が、家業を愛することにつながる

エリク・ホーンブルガー・エリクソンが提唱した心理社会的発達理論を見ても同じようなことが見てとれます。第5段階にはいわゆる「アイデンティティの確立」がありますが、ファミリービジネスにかかわる場合、家業に対する忠誠心や帰属感が自分の無自覚のうちに大きくたちはだかり、アイデンティティを見出すのに一定のバイアスがかかるのです。加えて自覚している自己アイデンティティすらも、覆い隠そうとします。

では、こうした状況を招かないためには、どうしたらよいのでしょうか。

図表2－18

エリクソンの心理社会的発達理論 (11)

	年齢	心理的課題	導かれる要素	存在しうる質問
第1段階	乳児期（0～2歳）	基本的信頼 vs 不信	希望	世界を信じることはできるか？
第2段階	幼児初期（2～4歳）	自律性 vs 恥・疑惑	意思	私は私でよいか？
第3段階	幼児後期（4～5歳）	積極性 vs 罪悪感	目的	動き、移動し、行為を行なって良いか？
第4段階	学童期（5～12歳）	勤勉性 vs 劣等感	自己効力感	人々と、ものが存在する世界で自己成就できるか？
第5段階	青年期（13～19歳）	同一性 vs 同一性の拡散	忠誠心・帰属感	私は誰か？誰でいられるか？
第6段階	成人期（20～39歳）	親密性 vs 孤独	幸福・愛	愛することができるか？
第7段階	壮年期（40～64歳）	生殖 vs 自己吸収	世話	私は自分の人生をあてにできるか？
第8段階	老年期（65歳～）	自己統合 vs 絶望	知恵・賢さ	私は私でいて良かったか？

「エリクソンは語る－アイデンティティの心理学」R.I.エヴァンズ/著（新曜社）を山田惇依が加工

ファミリービジネスにかかわる若い世代が自己アイデンティティを確立するためには、一度、家業と自分の間に境界線を引いて自分自身を俯瞰して見る必要があります。トランジション理論を提唱したウィリアム・ブリッジズ氏は、トランジションを経験するには、それまでずっと慣れ親しんできた場所や社会的秩序から引き離される必要があり、内的世界のとらえ直しに基づいて、真の「はじまり」があると説明しています(12)。

私にとって最も大きなニュートラルゾーンは、妊娠・出産期でした。悪阻《つわり》がひどく、会計事務所の繁忙期にサポートをすることができなかったのです。自己嫌悪に陥る一方で、実は事務所は十分、回っている現実を知りました。

自分は家業に必要ない人間であった。そうわかったところで、じゃあ自分はこの事務所に何ができるのか、そもそも何かしたいと思っているのか、それはいまの置かれているビジネス環境にマッチしているのか……などを改めて考え直しました。

ニュートラル期間を自覚し、どっぷり浸かることで自分自身を集団の中のひとりとしてではなく、一個人としてとらえはじめるプロセスを体験することは、家業との境界線をひく、ひとつの有益な方法ではないでしょうか。

家業に入るのか入らないのか、入るのであればリーダーシップをとるのかとらないのか、自分のキャリアについて適切な判断を下すには、個人的な価値観、人生の目標、家族との関係、適性や興味とビジネスとの適合性をしっかり比較・検討する必要があります。それが、冒頭でお話をしたように、

①家業が販売する製品やサービスを愛すること。

②家族と一緒に働くという自分の考えを尊重できる状態であること。

につながっていきます。

最後に、これらの比較検討の助けとなるワークの例をご紹介します。自分の気持ちをビジネスの期待から切り離すことを意識して取り組んでみてください(13)。

個人と仕事の目標を整理する

・あなたの人生で最も重要な3つのことは何ですか。それぞれにどのくらい時間を費やしていますか。
・あなたの仕事とライフスタイルは、これらのあなたにとって最も重要なものに必要な時間をとることができる状況ですか。そうでない場合、何を変更する必要がありますか。あるいは変更できない場合、それを妨げる要因は何ですか。
・あなたは結婚していますか。それとも結婚したいですか。子どもがいますか。それとも子どもがほしいですか。あなたは満足いく結婚、子ども、そして有意義な仕事をすることが可能であると思いますか。「はい」の場合、どのように実現していきますか。「いいえ」の場合、それを阻害するものは何ですか。
・自分が最もやりたいことを確実に実現するために、いまから何をする必要がありますか。そのために家業が障害になってはいませんか。

あなたの目標と家族の関係を整理する

・あなたは何が得意ですか。他の人も同じように思っていますか。
・何があなたをワクワクさせますか。退屈なことは何ですか。
・家族があなたに期待することは何ですか。あなたはそれをどのようにして知りましたか。直接、話をしましたか。それらはあなたが現在やっていることにどのように影響し、そして5年先も同じことをしていますか。
・あなたの母親はあなたの年齢の頃に、何をしていましたか。あなたの祖母はどうですか。彼女たちの人生は、あなたに何を教えましたか。

あなたの「仕事のニーズ」と「ファミリービジネス」のかかわりを整理する

・仕事から得られる最も重要なものは何ですか（家族からの評価、やりがいのある仕事、金銭的安定性、刺激など）。
・家業で最も必要なものを手に入れることができると思いますか。あなたのニーズはビジネスのニーズに合っていますか。
・なぜ、家業への就職を考えているのですか。なぜ、他ではなく家業なのですか。

ビジネスのニーズを知る

・あなたは家業について、何を知っていますか。
・家業は現在、どのような問題に直面していますか。これらの問題に対処するために必要なことは何ですか（答えられない場合は、答えられる人と話す必要があります）。

・家業にはあなたのスキルが必要ですか。あなたはそのスキルをどのように磨いていきますか。
・なぜ、あなたの父親（家族）は、家業をはじめたのですか。
・あなたの父親（家族）は、家業が自分の生涯を超えて伸びていくと信じていると思いますか。「はい」の場合、父親はあなたを後継者のひとりとして検討していますか。なぜ、そう思いますか（思いませんか）。
・あなたの父親（家族）は、家業の成功のためにどのような個人的犠牲を払いましたか。

ファミリービジネスの期待を整理する

・家業が販売する製品、またはサービスは好きですか。その事業が何を売っているか、正確に理解していますか。
・あなたの父親（家族）は、あなたに家業に参加してほしいと思っていますか。なぜ、そう思いますか（思わないのですか）。他の家族はどうですか。

私の話に戻りますが、これから家業をどうするのか話したいと思っても、それがうまくできず、気づいたら10年が過ぎていました。本音で話ができる場があるなら、それにこしたことはありませんが、簡単にはできないのがファミリービジネスのむずかしさだと思います。だからこそ、せめて自分の中だけでも、家業の意味づけや未来の姿を整理する際に、これらのワークを活用ください。

私の経験は一人娘で職業も専門性が高いので、特殊な部分もあると思いますが、ただ振り返って思うのは、仕事は仕事です。仕事を選ぶより、自分を特徴づける強みを知り、普段の生活や仕事でその強みを活かし、新しいことに挑戦し続けていくことが自己肯定感を高め、家業の跡を継ごうが継ぐまいが、人生を豊かにしてくれるのではないかと思います。

山田惇依

キャリア　数世代に渡る企業のぶれない「事業継承」

私は素材メーカーのサラリーマンとして40年間働き、その後ファミリービジネスのアドバイザーとして独立しました。取引先には、ファミリービジネスの経営者も多く、さまざまなおつきあいをしてきました。中でも3世代に渡り、親交を深めてきたのが卸業のA商店です。

3年前に就任した現社長は、先代と同じ素材メーカーで勤務した後（A商店に入社し）、先代との並走期間を経て社長に就任しています。

私もその素材メーカーに就職していましたが、得意先の子弟がここで勤務経験をされるケースは多く、得意先の子弟だからと特別扱いしない雰囲気があったのです。

ご本人はどのように思っているのかは別として、他の社員との平等な経験をされたのは良かったのではないかと思います。アトツギはいろいろな関係の他社経験を積まれることが多いのですが、「お客様扱い」をされて積む経験で得られるものは限られるためです。得意先の子弟であっても一般社員と分け隔てなく処遇される会社の経験が望ましいのです。

事業を受け継ぐ覚悟を教えてくれたA商店

先代社長の時代は、1989年に日経平均株価が最高値を更新し、その後にバブルが崩壊、そして右肩上がりで成長した日本経済は構造転換し、デフレに突入し、「失われた20年」と呼ばれる低成長の時期に入って行くときでした。その中で先代社長は社屋と倉庫を新築し、先々代が情熱を注いで築いた商売の基盤をしっかりと固めてこられたのですが、経済が構造転換する中では、決して順風ではありませんでした。リーマンショックをはじめ、数々のショックを乗り越えています。

これも家業に入る前に在籍した前出の素材メーカーでの財務関係のキャリアが役にたっているのではないかと思います。この素材メーカーは、伝統的に財務の計画統制がしっかりしており、私もいくつかの関係会社での経営経験の中で、財務の計画統制は経営の基本であると感じてきました。先代が数々の逆風を乗り越え、事業の基盤を固めたことにも財務のキャリアは大いに役立っていたのではないかと考えています。

先々代が活躍した高度成長期にいた同業者は、次の低成長の時代には倒産したり、廃業があったりで数は減少しています。その中でA商店は、減少した同業者の商圏を吸収してきていますが、先々代と先代が数々の経済的ショックを乗り越えるだけの経営基盤を備えたからだと感じます。恐らくその基盤とは、規模とそれを支える体制でしょう。

また、先代は先祖から引き継いだ家業を守り、次につなげなければならないという責任も強く感じていたのだと思います。家業のために個人を抑えていたところもあり、サラリーマンの家庭に育った私の目には、その責任の重さが気の毒に感じられたこともありました。

先代は残念ながら病で比較的早く亡くなっていますが、おそらく相当早くから、事業承継の準備をされていたようにお見かけしました。また、顧問の税理士も税務に限らず、兄弟のバランスなど家族にも配慮され、アドバイスされていたようでした。事業承継は一生のうちに何度も経験するものではないだけに、第三者からの計画的なアドバイスは非常に重要だと思います。

また、現社長が主導し、つくられたのだと思いますが、A商店のホームページには「卸業として大切にする価値観」が代表者挨拶として語られています。私も会社の経営を経験する中で「100年を越す社歴の卸業の経営」も経験してきましたが、この会社では社員が大切にする価値観があることを学びました。

そして、社員の気持ちを纏《まと》める大切な時機に、代々の先輩から引き継いできたことを社員に言葉に表わしてもらいました。私がいた会社とA商店の価値観の表現は異なっているものの、卸業として同様の思いが表現されていたことには驚かされました。

やはり長年の事業の営みの中で、同じ事業に共通の価値観が形成されるものなのだと気づいたのです。A商店では現社長の言葉として内外にも示しており、ファミリー企業の系譜を背負った社長自身の言葉には独特の説得力が備わっています。

先々代の高度成長期の経営と、先代の低成長期の経営は違っていたと思います。また、現社長は超高齢化と人口減少の時代の舵取りが必要になってきます。先々代はパワーによる規模の獲得が鍵だったと思いますが、先代は体制の構築で勝ち残りをしています。そして高齢化と人口減少、変化のスピードがますます早くなる現社長の時代には、守りだけではなく「攻め」が必要です。既存事業の優勝劣敗はさらに進むので、既存事業の体質を強化し、それを基盤に新たな事業をつくることが必要なのでしょう。

自分にも厳しいが、取引先にも厳しい先々代にあっぱれ！

さて、時代はさかのぼりますが、私には先々代との印象深い思い出があります。

それは雨の激しく降る中を走るタクシーでのできごとでした。ホテルでの宴会が終了し、次の接待場所にお客様をお連れするためにタクシーを使ったときのことです。私はその頃、まだ20歳代で、素材メーカーの営業拠点の営業マンでしたが、私が担当する問屋の社長と、もうひとりのA商店の社長（先々代）、そして50代の上司の4人で銀座に向かう途中でした。上司は営業拠点の責任者で、そつがない人柄です。昭和の高度成長期の波に乗り、取締役就任を目前にした人でもありました。

そんな関係性の中で、突然、A商店の社長が、

「俺の担当がいないじゃないか。不公平だ」

と、つぶやいたのです。すると、

「社長！　社長！　私があなたの担当だから不公平じゃないですよ」

と、取締役就任を控えた私の上司でもあるその人が、自分を営業担当だとへりくだり、その場を収めようとしたのです。しかし、その社長は自分の言った不公平という言葉に興奮し、怒りはじめました。

A商店の先々代の社長は素材メーカーの重要な得意先の卸として有名な人で、全身全霊で顧客に尽くす商売人です。ですから、仕入先に対しても自分がお客様にするように、自分に対しても尽くすべきだという信念があったのです。それもあってか、上司がいくらへりくだっても、収まらないどころか憤慨してしまったのです。そこで私は、

「ご相談があります。ここで私がタクシーを降りて失礼します。そうすれば私の上司1人に社長2人になりますから平等になります。どうか、それでお許しください」

と、申し出たのでした。すると、

「そうだな、それなら平等だ」

と、一転。怒りは収まりました。こうしたいきさつから、ホテルの玄関からしばらく走ったところでタクシーを降りた私は、激しい雨に濡れてホテルの玄関に戻りました。その場には、宴会のお客様を送り出しホッとしていた先輩営業マンたちがいましたが、私の姿を見て、

「どっ、どうした！」

と、営業現場の軍曹と呼ばれていた上司が驚き、言いました。そのときの表情は40年経ったいまも記憶に残っています。タクシーを降りた経緯を手短に話すと、

「あの社長はがんこだからなぁ、まぁ仕方ないな」

と、労ってくれました。

昭和の後半はバブル景気もあり、まだ素材市場も右肩上がりで、伸びる市場でみんなが陣取り合戦をし、猛烈に働いて「マイドリーム」を勝ち取りたいと一所懸命でした。

「マイドリーム」とは、海の近くの高級住宅地に家を持ち、名門ゴルフ場の会員権を所有し、業界の中で一目置かれることでした。ですから、個性の強い社長は陣頭指揮を取り、顧客に尽くし、売上の拡大を目指したのでしょう。

いまのように働き方の見直しをする、「働き方改革」などと言われることはなく、猛烈に働くことが美徳の時代で、この頃はこんなカリスマ社長が至るところにいたのでした。戦後、民法が施行され、家

父長制が廃止されても平成初期の頃までは、まだ長男が家を継ぐものだというムードが強く、A商店の先代社長も長男であり、私と同じ素材メーカーでの勤務経験を経て家業に入り、先々代との並走期間を経て専務から社長になっています。

自他に厳しいカリスマの先々代との並行期間は、先代が先々代を立ててよく仕えていましたが、先代は私にも穏やかに接してくれました。ご本人の性格もあるかもしれませんが、戦後の教育で平等の価値観が教えられたからではないでしょうか。

現在、後継者難が言われており、先の見えない時代だけに事業を渡す側の父親も承継をためらうことが多いようです。また、受ける側の子どもも、安定した大会社のサラリーマンを選択するようではありますが、大会社もこれまでの年功的な人事制度を改め、自らキャリアを形成する人材を求めるようになっています。

A商店のように事業基盤がしっかりした事業でも、事業承継がためらわれる事業であっても、ともに後継者が既存事業を磨き、さらに新たな事業をつくっていかなければならない時代です。誰もが多くの環境変化に遭遇することになる「人生100年の時代」においては、新たな領域にチャレンジする経営力を身につけることは大変、価値があります。事業承継をそんなキャリア形成の機会としてとらえることも、大切になってきているのではないでしょうか。

月崎暁

承継すべきは「ファミリー資本」

(1) ファミリネス（Familiness：ファミリー性とも訳される）
Timothy G. Habbershon, Mary L. Williams “A Resource-Based Framework for Assessing the Strategic Advantages of Family Firms” FAMILY BUSINESS REVIEW, vol. XII, no. 1, March 1999 © Family Firm Institute, Inc

(2) 3円モデル（Three Circle Model）
Renato Taguiri, John Davis “Bivalent Attributes of the Family Firm” FAMILY BUSINESS REVIEW vol.9, no.2, Summer 1996

(3) Kelin Gersick FBAAファミリービジネス特別講演会 2017年11月11日

(4) Ivan Lansberg, Devin DeCiantis FBAA 2019年 ファミリービジネス特別講演会 2019年11月17日

(5) 後藤俊夫『ファミリービジネス 知られざる実力と可能性』白桃書房

家を継ぐ 「家」の組織化から見る「経営の意思決定」の基準

(6) 米村千代（1999）『「家」の存続戦略 歴史社会学的考察』勁草書房

(7) 日経ビジネス 2016年11月14日「創業家の作法」日経BP社

(8) 土居健郎（1971）『「甘え」の構造（増補普及版）』弘文堂、（2007年増補版）

(9) Chester I. Barnard著 山本 安次郎訳（1968年）『経営者の役割』ダイヤモンド社

交代プロセス アトツギ娘のジレンマ――自己アイデンティティの確立

(10) 『オーナー経営の存続と継承』ジョン・A・デーヴィス、ケリン・E・ガーシック他 株式会社流通科学大学出版 1999年6月1日

(11) 『エリクソンは語る アイデンティティの心理学』リチャード・I・エヴァンス 新曜社 1981年1月

(12) 『トランジション 人生の転機を活かすために』ウィリアム・ブリッジズ パンローリング株式会社 2014年4月3日

(13)『THE DAUGHTER also RISES』ANNE・E・Francis, PH.D The Family Business Resource Center １９９９年12月１日

・「Women in family business」Patricia Annino, Thomas Davidow&Cynthia Adams Harrison ２００９年

・「Research on Women in Family Firm Current Status and Future Directions」Rocio Martinez Jimenez Family Business Review Volume22 Number1 ２００９年３月

第3章

「アトツギ」はどう家業を引き継ぐのか

「家業×新規事業」の強みの発揮で市場を開拓せよ

「社長業」を引き継いでこそ承継はうまくいく

ファミリービジネスの承継を考えていく前に、一緒に考えてもらいたいことがあります。オーナー社長と役員との違いについてです。こんな問いかけをみなさんにするのも、社長は独自の感覚を持って物事を考えているため、両者には大きな違いがあるからです。

一般的には、「会社の役職の最上位にいるのが社長である」と、とらえられていることが多いように思います。そこで「社長が特殊な立ち位置であることを社員の方々に伝える」ために、私は次のように解説しています。

「社長だけが社員に給与を支払う立場で、他の者は全員給与を受け取る立場である」

この感覚がわからないと、社長のアドバイザーという仕事はなかなか務まりません。社長は会社のすべての決定についての責任を担っている立場にあるためで、たとえ副社長や専務などナンバーツーだとしても、その意識において両者には、山の頂上とベースキャンプくらいの大きな差があります。社長は会社全体についての責任感を抱えているがゆえに常に孤独だからです。

ところで、私自身がファミリービジネスアドバイザーとして、外部から顧問先の社長たちを間近に見てきた中で感じているのは、社長によって得意分野のバラつきが大きいことでしょう。それがその会社の強みでもあるわけですが、それぞれにおいて、いま機能している経営チームは、いまの社長の個性に合わせて編成されてるとも言い換えることができます。特に中小企業であれば権限移譲は行われず、ワントップであり、鍋蓋型（平たい皿の上に一点のつまみが載っている形）の組織の形をしています。

たとえば、営業が得意な社長であれば、営業部長を社長が兼務しているでしょうし、別の技術開発が得意な社長は、優れた営業部長を見つけてきてしっかり処遇しているはずです。このような組織運営は、上場企業に多く見られる機能別に権限移譲を行う組織に比べて、ガバナンスの効率が良い部分もありますが、専制君主的なワンマン経営に陥りやすい部分も大きいと言えます。

このような中小企業で社長が代替わりするときに何が起こるかというと、その会社の経営チームを丸ごと再構成しなければならないという困難があります。現社長（親）に最適化されたチームから違う個性と能力を持った次世代の後継者（子ども）にバトンを渡すには、単にトップの席を譲って交代すればよいのではなく、経営チーム全員の役割分担を変えなければなりません。もし、「営業が得意だった父親」から「研究開発が得意なアトツギ」に交代する場合には、父親に代わる優秀な営業責任者を見つける必要があるわけです。

「川下りの経営」と「川のぼりの経営」は考え方が違う

このようなファミリー企業の現実について世間の認識が薄いのは、上場企業で5年ごとに社長交代をしている様子だけがメディアでクローズアップされて報道されているせいかもしれません。「社長は順送りで交代して務めればいい」「社長は誰がやっても務まる」というように、模範とする社長のモデルを取り違えていては、会社の存続自体が危うくなります。ファミリー企業の場合、社長業を引き継ぐのには、10年くらいの時間がかかるものだからです。そして、この10年という期間全部が、承継プロセスと呼ばれています。

なぜ、10年もかかるのかと言えば、経営チームの再構築というのは、会社を動かしている基本のしくみにかかわることだからなのです。社長交代は、パソコンにたとえればＯＳ（基本プログラム）を入れ替えるくらいの大手術をすることになるわけで、会社の体力（経営状況）も見ながら、そのタイミングを計る必要もあると言えるでしょう。

特に高度成長期に会社を大きくした先代社長から次の世代が引き継ぐときには、両者の間で次に示すような世代間の典型的な誤解が起こっている事例が多くあります。それによって同じ会社の中で経営判断がまったく違うようなことが起こります。

大事なことは、シニア世代と後継者の若手世代の間に、お互い悪気がないにもかかわらず、相互理解が極めて困難なことです。自分が長年慣れ親しんだ仕事の仕方を変えることは、とても大きなハードルがあって多くの会社で進まないものです。トップダウンで改革を進めなければ何も変わらないでしょう。ひと世代の間にどのような認識のギャップがあるのか確認しておきましょう。

①シニア世代（昭和生まれ）

・義理人情を尊重する昭和な仕事のしかたが好き（お客様の気持ちを汲めると信じている）。
・自分たちの事務フローを変えたくない（これまで上手くできてきた）。
・世間の動きについていけない（新しいことにチャレンジするのはしんどい）。
・定年まであと少し（無理しなくても食える）。

②アトツギ世代（平成生まれ）

・シニア世代の考え方は尊重したい（今日のわが社があるのは先輩たちのお陰）。
・自分たちのやり方で仕事を進めたい（非効率な事務や勘と度胸の営業は古い）。
・既存事業は先細りになるので新たな柱をつくりたい（投資が必要）。
・機動性のある動きをしたい（別動隊でやらせてほしい）。

経営者としての苦労は、先代よりもこれから事業を引き継ぐアトツギ世代の方が大きいのです。なぜなのか。そのむずかしさの違いを理解してもらいたいときに、私は「川下りの経営と川のぼりの経営」という言い方をして伝えるようにしています。

まず、「川下りの経営＝経済成長期の経営」についてですが、これは「昭和の経営」とも言い換えることができます。

高度成長期からバブルがはじける前までの会社の売上は毎年増加、主力事業の他にインフレ期待の下で銀行から融資を獲得して不動産投資を行い、自社ビル建設などを行なってきました。経済成長率と賃上げ率と売上粗利のバランスを取りながら、投資活動をコントロールすることが、仕事の中心だったのです。新規事業に複数チャレンジして、いくつか失敗しても、成長経済の中では事業における多少の損失は取り返すことができました。

川上からスタートすれば、重力にしたがって高いところから低いところに流れていく川に船を漕ぎだすように、予期せぬ急流に遭遇した際に転覆することがないように見張りを怠らなかったら、目的地には自然と到達することができます。マクロな経済環境が拡大基調である限り、前年比で成長することが当たり前で、明日は今日よりも豊かです。

このような時期を過ごした社長は、恵まれた環境で社長業を務めてきたため、危機感を持って経営学のイロハを学ぶ必要性を感じているケースは、そんなに多くありません。マーケティング理論や経営管理の理論を学ぶより、人的ネットワークを築き、コネで商流をつくっていくのが定石の時代だったのです。

一方、「川のぼりの経営＝経済停滞期の経営」はどうでしょうか。これは、「平成の経営」です。バブル崩壊の後の長期資産デフレの中で、売上増加は望めない。コスト削減によって何とか利益を確保していく。規模拡大より利益重視。トップライン（売上）ではなくボトムライン（利益）に注目した経営。新規事業にチャレンジしたくても、事業投資からの損失を回復することが困難なため、事業運営で大きな失敗がないように手堅い運営を図らざるを得ません。

経済が大きく成長しない中で、生き残りをかけて、川下から川の流れに逆らって船を上流に向けて休む間もなく漕ぎ続けるような会社運営が求められます。上流にある目的地（利益増）に到達するためには、社長自らがエンジンとなって力を発揮して、ムダなく合理的に航路を選択する知識と判断力も求められています。マーケティングやバリューチェーン分析などの経営学に基づいた、合理的な経営判断が必要になるのです。

ですから、そもそも経済の拡大成長期に勘と度胸と人脈で経営の舵取りをしてきた親世代とは、意見が合わない。逆に、成長経済期に規模拡大を達成した経営者から見たら、後継者の経営方針と舵取りは物足りなく感じてしまう。このように生きてきた時代背景が違えば、同じ会社の事業の進め方についてでさえ、世代間の相互理解は、とてもむずかしいものとなります。

3代目で潰れるのには理由がある

「唐様で売家と書く3代目」という川柳が有名なように、事業破綻の原因を跡取り社長個人の責任に帰するような風潮が長く続いてきています。会社経営の原理を知らない人であれば、そのようなひとごととして高みの見物が許されるでしょう。しかし、ファミリービジネスについて学習したアドバイザーとして、3代目が危機にさらされる原理の本質を整理してみて見えてきたことがあります。

3代目で会社が潰れるのは、3代目に能力が足りないからではない場合が多く、経営学的にその理由が説明できます。簡単に言うと、3世代目は3円モデルの3要素それぞれが時間の経過によって、もともと社長業の複雑性が増す環境に置かれてしまい、当人の経営者としてのキャパシティーを越えてしまっているため、会社をコントロール不能の状態に陥らせるのです。

つまり、そのポジションに誰がついても、仕事を進めていくことがむずかしくなる確率は高いにもかかわらず、経営学者、コンサルタントや会社のステークホルダーも含めて、これまでその後継者に誰も救いの手を差し出してこなかったのではないでしょうか。銀の匙をくわえて生まれてきた者に対する嫉妬心からなのか、そもそも同情する必要がないかのような扱いがされてきたように思います。

3代目が遭遇しがちな4つの困難とは何か

第2章で見たように、ファミリービジネスでは、3つの要素が複雑に関係していて、それが世代を重ねるごとに複雑性を増していきます。誰が社長でもむずかしくなる理由を4つの観点から説明してみたいと思います。

①3円モデルの観点

3円モデルに、時間経過による後継世代への展開を示す「3次元発展モデル」を見ればわかるとおり（図表2-5・39ページ／図表2-9・42ページ／図表2-10・43ページ参照）、3円の中心にいる後継社長が考えなければいけないことが増えます。

3つの円のそれぞれの中で複雑性が増し、それらの相互関係はさらに複雑さを増していきます。無我夢中で会社経営に取り組んでいる後継者は、どこにリスクが潜んでいるのか、ひとりで考えていても見出すことは困難です。一つひとつの要素を個別に考えることと、それらを全体として統合する力が求められます。

②ビジネスモデルの陳腐化の観点

3円のひとつの「ビジネス」について考えてみましょう。時代と共に祖業（創業時の事業）は役割を終えるか、時代に合わせた変化を求められます。「創業→拡大→安定成長→衰退」という生命体のようなサイクルが個別の事業には現れます（図表2-9・42ページ）。どのように収益力のある事業として維持していくのか。ひとつの世代毎に危機が訪れても不思議ではありません。

創業者のように独裁的に舵取りをすることがむずかしい中で、後継世代が社会経済環境の変化に会社を適合させて存続させていくことのむずかしさを共有する必要があります。

③相続による株式の分散の観点

ガバナンスの面から、ひとりに権限を集中させることがむずかしくなります。子どもが2人ずついれば、3世代目になると何人の家族になるでしょう。1世代目は夫婦2人。2世代目は2家庭で4人の子ども。3世代目には4家族で8人の子ども。これらの子どもたちに法定の相続分で株式が遺贈されていったら、あっという間に株主が分散してしまいます（図表2-10・43ページ）。

直系長男に株式を渡すことをルールとして決めておいても、民法の規定により、株式を相続しなかった兄弟姉妹には「遺留分」という株式の価値の一部に相当する金銭対価を渡さないと納得しないこともいうような状況も起こります。日本の税制では相続税の負担が重たいことから、長期的な観点からの税務対策を講じておかなければ、3世代目以降が承継できる財産は大きく減ってしまうことになります。

3代目の後継者は家長として、親族の中での財産分与の公平さと、会社運営のための財産を確保しておくこととの間で利害の調整を迫られます。ファミリーの財産の扱い方において、これが正しいという単純な公式はありません。この点で心労を感じる後継者は多いだろうと思います。

④いとこ世代への拡大でファミリーが増加の観点

順調に次の世代が子どもを持ってファミリーメンバーが増加していけば、その中から事業に参画したいという親族も出てくるでしょう。会社に入社を認めるルール決めをしておかないと、場当たり的に同族メンバーが増えてしまい、プロパー社員との役職分担などに支障が出てきたりします。

会社の事業面で必要な人材を求めることと、親族の食い扶持《ぶち》をなんとか提供したいという家長的な感覚の間で悩ましいことが増えてくるでしょう。

このように、世代が続くにしたがって、困難が増す環境にある3代目に対して支援することをせず、自業自得とみなして放置するだけの風潮が続けば、会社の数は今後とも減っていく一方となるでしょう。

事業永続は世代ごとに「主たる事業を変える」覚悟も

どのような事業分野であれ、会社を経営してビジネスに挑戦し続けるというのは、無差別級の格闘技のようなものだと言えます。法律の制約の範囲内でゲームのルールさえ自由につくり出して、自分の得意なリングをつくって、利益を追求することが可能なのです。

しかし、日本人はグローバルな競争環境の中で、世界を相手に大きな勝負をかけていくことは不得意です。昔からデファクトスタンダード（国際機関や標準化団体による公的な標準ではなく、市場の実勢による事実上の標準）をつくって既得権益化することが苦手のようです。一方で、SDGsが叫ばれる時代にあって、ニッチな分野でサステナブルにビジネスを続けていくことに長けているように感じます。世界に4000社しかない200年企業のうち半数が日本にあるのですから。

私が敬愛するエコノミストの言葉に「人間は仕事をつくり出す動物である」というのがあります。どんな時代にあっても人は自らの食い扶持を創り出すものなので、悲観的になる必要はないという意味です。これは2000年代が就職氷河期に代表されるように、デフレ続きで企業の人材余剰感が強い時期に若者を勇気づけるために言われた言葉でした。しかし、同時にその頃に将来を悲観していた経営者に向けて発せられた言葉だったのです。

その後日本では、２００８年のリーマンショックを経てからは、２０２０年に向けて有効求人倍率は、右肩上がりで上昇していきました。景気循環や人口動態によって、企業経営は大きく舵取りの変更を迫られます。社長業においては、長期的な視点で会社の方向性を見極める必要があります。

会社の経営方針を大胆に切り替えることができるのが、ファミリービジネスのオーナーの強みのひとつだと言えるでしょう。「ひと世代一事業」と言って、主たる事業を乗り換えてしまうファミリービジネスもあります。日本最大級の企業であるトヨタもそのように動いている節があります。自動織機から自動車、そしてＭａａＳ（モビリティ・アズ・ア・サービス）へとひと世代ずつ変わっていっているのです。ファミリービジネスの特徴は、30～50年をひとつのスパンとして経営を考えていくことでしょう。

4代目のために事業の30年プランを若社長が準備

ファミリービジネスアドバイザーとして私は、クライアントのファミリーと「三位一体経営計画」を一緒につくることを推奨しています。この本でも24～25ページに掲載しています。横軸に時間軸をとって、縦に3つの分野、ファミリー（関与するメンバー）、オーナーシップ（株式）、ビジネス（事業展開）についての変化を表の形でまとめていきます。

時間というものは万人に平等に訪れるもので、10年後、20年後、30年後の自分と家族の年齢は確定しています。当たり前すぎて普段考える機会がないものですが、60歳の社長は、20年後には80歳になることが確定しています。ですから、時間軸が書かれた表を目の前にすると、どの時点で後継者に承継するのかのタイミングを考えるきっかけになります。

このように次の後継者への承継のタイミングを考えるために使うことが多いのですが、先日、日本ファミリービジネスアドバイザー協会の講座を受講した30代のアトツギ社長も使っていました。

家業を承継をしたばかりの社長が5歳のお子さんのために、事業をどのように展開していくのか、30年先までの表を書いてプランづくりをはじめており、将来を考えるのにも使えるのだと改めて感心しました。もちろん、現役世代としてこれから自分で決めていくことができる若い社長にとって、これから起こるであろう、3円モデルのFBO（ファミリー、ビジネス、オーナーシップ）それぞれの複雑化に対して備えをすることができるわけですから、FBOを頭に入れて舵取りすることで、次の承継がスムーズになることは間違いないでしょう。

ファミリービジネスにおいては、ビジネスモデルを時代に合わせていく必要性から後継者にはアントレプレナーシップが求められるという点について、異論はないものと思います。後継者には、第2創業、第3創業というような形で、自分の代で何かを成し遂げていく覚悟が求められます。

「会社を潰すのに手間暇いらぬ。いままで通りやればいい」と自らを戒める言葉は、鳥取境港の老舗酒蔵の60歳代の3代目当主から教えていただきました。不断の変化への挑戦のみが会社を生き残らせていくのです。逆に漫然と同じことを続けていては、次の世代に生き残ることはできないという厳しさを感じます。

しかし、実際には、主たる事業領域をまったく変えてしまう会社は少ないでしょう。その場合は、世の中の変化に合わせて会社のありようを変えていく必要があります。お菓子をつくっている会社の例を考えてみましょう。

高度成長期からその後の低成長期に向けて、同じ名称の商品でも砂糖の含有量は大きく減らされているそうです。同じ商品名を続けていても、数十年の間にはまったく違う味になっていることもあるくらいです。消費者の生活スタイルも変われば嗜好も変わる。健康志向が強くなれば、それに合わせてレシピを変える必要があります。

先代の時代に売れていた和菓子のレシピを頑なに守り抜いたらどうなるでしょうか。お客様からそっぽを向かれるだけでしょう。長く生き残っている商品は、そのデザインや雰囲気を守りながら中身の配合を変えていっているそうです。変えるものと変えないものの峻別が次世代の承継者の大きな役割であることは間違いありません。

「先代から引き継ぐもの」と「創造するもの」

これまで見てきたような伝統を引き継ぎ、次世代につなぐことは具体的にどのように行われているのか。代々事業を継いでいる伝統工芸のファミリーの2人のアトツギをご紹介しましょう。

博多で人形師をしている中村弘峰氏（1986年生まれ）は、古典的な日本人形に現代のアスリートを掛け合わせた作品をつくっています。子どもの成長を願う武者人形の本質をとらえて、現代でのヒーローはスポーツ選手だとの解釈から、各種スポーツ選手を武者人形に見立てた新しい作風の作品には多くのファンがついています。彼の興味深いところは、子どもの頃から「4代目」と呼ばれて育ってきたということでしょう。また、現在は、5歳の長男にも「5代目」と呼びかけて育てているそうです。

初代が残した家訓は、「お粥食っても良いもんつくれ」だそうです。そんな中村さんが「人形を通して表現したいこと」として考えていることを伺いました[1]。

作品名：黄金時代 波千鳥　**制作年**：2019年　**サイズ**：72x23x48㎝

「私たちの祖先が最初につくった人形は、土偶でした。多分。災いがそっちにいくように、呪術的な意味で身代わりにしたんでしょう。そして、最近まで伝統として残っているお雛様や五月人形も、生まれた赤ちゃんにスクスクと健康に育ってほしいという、祈りのような気持ちを体現したようなものなんでしょう。また、桃太郎や秀吉といったヒーロー的な存在の人形は、『彼らのように強くあってほしい』という祈りが込められているんだと思うんです。

それでは、現代のヒーローは誰だろうかと考えたときに、野球の大谷選手やフィギュアスケートの羽生選手なのかなと。親たちは、わが子にビッグになってほしいとか、たくましくなってほしいと願ったときに、野球などのスポーツチームに入れたり、フィギュアスケートを習わしたりしますから。

そう考えると、かつて五月人形の兜に込められた『祈り』は、現代ではスポーツに置き換わっているんじゃないかと思うんです。いまも昔も、親が子に思うこと、夢を託したり、成長を願ったりする気持ちは変わっていないものです。

そこで考えたのが、一見トリッキーに見えるスポーツ選手の人形なわけです。そこから人間の普遍性、日本人が大切にしていること、人間ってなんだろうという問いかけなど、そういったものがこれらの作品から伝わればいいと願い、つくっています」

本質的な価値観を表現することについて、ぶれることなく家業として創作に励んでおり、来年は新たに工房の隣に美術館・展示場を建てることを決めていて、お客様とのコミュニケーションの場をつくり出そうとしています。時代によって表現の形が変わる人々の潜在ニーズを、求められる形にして届けるというやり方で、将来的に商業的成功も進めていくことができるでしょう。

彼自身、父親が期待した地元の有名高校に受験勉強をして素直に進み、学歴を獲得している地頭が良い人です。さらにビジネスのセンスを磨くことで大きな飛躍が期待されます。そして、仕事に充実感を得て毎日を過ごしているからこそ、自分の子ども（5歳）にも後を継いでほしいと素直に思って、家業に興味を持ってもらうための方策を試しはじめているそうです。

佐賀・有田にも第14代の人間国宝の陶芸家、今泉今右衛門氏（1962年生まれ）がいます。父・13代から、伝統という仕事は、技術を継承していく中で、その時代のものをつくるという「新しい仕事」なんだ、と常に言われてきたそうです。[2]伝統とは「永遠に変わらない本質」のことですが、それが何なのかは「時代に挑み続ける」ことからしか見えてくることはないでしょう。受け継いだものが、そのままそっくり同じものとして次世代に渡されるものではないようです。

長く続いている家業で仕事ができることで、自分の5世代前の仕事がイメージできるのはありがたいことだそうです。長い時間軸の中で考えられて、自らの立ち位置がわかるからだと言います。江戸時代から続く工房の中で、自分がつくった20年前の作品も古びて見えるようになるのです。

今右衛門窯では、いまでも本窯を薪で焼き続けています。焼き上がりが柔らかい（写真ではわからないレベルですが）、お客様にはそこを評価してもらえている。同業者はガス窯に変えたところが多い中で、それを守って大切にできたのも家風によるものだったのでしょう。

時代の流れに合わせ過ぎてしまったために、次の時代に適応できなくなった老舗も多くあります。有名温泉地の旅館で、高度成長期に社員旅行受入れのためにビルを建て部屋数を増やしたところなどが典型でしょう。今右衛門氏は、

「新しいことを生み出すことにばかり注力すると、受け継ぐことが疎かになるものだ。伝承された技術を繰り返し積み重ねることの中からこそ、新しく生まれてくる発想がある。代々受け継いだ技術を基に、何を自分の代で付け加えることができるかを不断に考えている。そのようにして自分の代で伝統を確かめて次の世代に渡していく役割を担っているのだ」

と語られます。ときにはお客様が新しい作風を生み出す役割を担ってくれることもあり、新たなデザインは、意外にも伝統の技術や意匠の中にヒントが隠されています。頭でいろいろと構想を練っても、なかなか出てくるものではないのだそうです。

ここに紹介する写真の「色絵薄墨 墨はじき梅文花瓶」も、若いお客様から薬剤師試験に合格した記念に、「なるべく空間を活かした図案で「薬壷」をつくってほしい」と依頼されて制作したものを、さらに別のお客様から「同じ梅の意匠で大きな花瓶がほしい」と依頼され、制作したものの姉妹品です。

作品名：色絵薄墨
　　　　墨はじき梅文花瓶
制作年：2015年
サイズ：径22.0㎝　高36.5㎝

普段からうつわを使ってくださる贔屓の方々からの依頼があって、あれこれ試行錯誤するうちにおもしろい発想が浮かび、それが実作につながることが多いと言います。

この作品の中心部分にほどこされている「薄墨」は父・13代が創案した手法であり、そこに14代が確立した「墨はじき」の手法を付け加えて深みのある作品となっています。

今右衛門氏は、次男が39歳で14代を襲名しましたが、自分が継ぐことは32歳ごろに、親が決めたのではなく、兄弟で話し合って決めたそうです。幼少の頃から、祖母に「兄弟で焼きものをやれるといいよね」と言われ続けてきたのです。

そのように祖母に言わせていたのが、父・13代だったことは後にわかったことでした。お兄様は東京・青山で直営の販売店を開いていて、常に連絡を取り合っており、祖母の願いは実っています。

このように承継する者は、時代ごとの自らの役割認識を持つことが大切なのだと思います。それは、伝統工芸の分野だけに限られたものではないはずです。

第2創業の方法――アトツギは何を引き継ぎ、何をつけ加えるのか

商売のありかたを現代に合わせる方法で、家業を承継していく後継者も多くいます。第2創業の事例としてわかりやすい事例が、酒屋の2代目がワイン通販事業で成功した事例でしょう。

古びた神田の街角の酒屋の息子はEC（ネット通販）の草分けで、楽天市場でワインショップを開店してトップの売上を上げました。もともとの酒屋はその後、通販のアンテナショップとして改装して、ワインの試飲などができるようにしたと言います。

路面店を構えて、歩いて買いに来てくださるお客様をじっと待ち続けるのではなく、新しく立ち上がったECという販売チャネルにチャレンジして、売上を上げていくことが次世代としてできることだったのです。

いまではECに取り組まない方が商売がわかっていないと見られるくらい、当たり前になっている販売方法でも、世の中に初めて現れたときには、その使い方を理解できる人は少数派でした。当然、親世代の理解は得られない中での挑戦になるわけです。新しい経営手法に取り組まざるを得ないのが、後継世代の宿命なのだと受け止める必要があります。

ここまで後継者は苦労が多くて大変だという話ばかりしてきていますが、後継者にとって、好都合なこととは何でしょうか。

後継者に、私は次のようなアドバイスをしています。たとえば、子会社をつくってそこの責任者になって新規事業に取り組みはじめる場合、原材料の仕入先、製造ノウハウ、顧客など、ベンチャー企業で

創業するならば、喉から手が出るほどほしい無形の資産が目の前にあります。合法的にインサイダー情報を手に入れることができる立場にいる。そして、自ら手を上げれば支援してくれる人たちが周りにいます。ここに、無形の資産を引き継ぐメリットがあるのです。

やる気のある後継者にとって、家業があることによる恩恵は少なからずあります。ベンチャー企業がゼロから5とか10を目指すものだとすれば、老舗のアトツギはマイナス50からプラス300を目指すような挑戦なのだと、私はよくたとえています。老舗企業においてこそダイナミズムは興せるのです。

先代と次世代の葛藤の渦中での優先順位

2020年の春は、コロナウイルスの感染拡大防止のために、日本全国に緊急事態宣言が出されて、会社に出社することすらできない状態が2カ月近く続きました。このような非常時の環境適応能力において、世代間のギャップが明らかになったかもしれません。

20歳代、30歳代は、オンラインでの営業活動にスムーズに適応できています。新興のベンチャー企業では、社員全員が普段からグループウエアを使うことに慣れていて、リモートワークにもスムーズに対応できています。社歴の長いシニア社員たちが、少人数の幹部社員同士でのオンライン会議の運営ができないようであれば、時代に取り残されているという自覚をしなくてはいけないのではないでしょうか。

職場に勤続年数が長い社員が多ければ、その幹部社員の仕事のやり方が会社全体の仕事のやり方を決めてしまうものです。若手社員が効率的な仕事のやり方を導入しようとしても、シニア世代が抵抗勢力となって仕事の効率化が図れず、働き方改革も名ばかりのかけ声だけの会社が多くあります。

会社の基本構造をストックとフローで考えてみることが大切です。長年かけて社員が積み上げた顧客基盤や信用というものは、ストックとして大切に守るべきですが、仕事の流れはフローであって、その時代の最新の効率的な方法を取り入れるべきです。慣れ親しんだ事務フローを守ることは、伝統を守ることでは決してありません。それは若い世代から時代錯誤としか受け取られかねない行動として戒めるべきです。

とある創業100年近くになっている老舗の会社では、いまだに電話とFAXで注文を受け付けて、オフィスコンピューターで構築された受注管理システムに打ち込みをして専用プリンターで伝票出力させています。令和を迎えて新興企業がクラウド環境で事務を効率的に進めている中で、昭和のまま時代が止まっています。

しくみを変えてしまえば、事務担当の社員数を3分の1にできるのに、それができずにいるのです。中小企業では大企業のようにボトムアップで業務改善が進むことは希であることに気づいていないのかもしれません。中小企業の社員は自分のポジション（雇用）を守ることが絶対的な行動基準になりがちで、自ら変化しないのは仕方がありません。

もし、30歳代の後継社長が改革をしようにも、本社の事務のしくみを一からつくり直すのはとてもむずかしいことです。よくあるのは子会社で新しいやり方を導入して見せることです。たとえば、業務用食品卸の会社が顧客取引先からFAX受注して配送しているような会社では、後継者が新たに個人顧客向けにオンラインショップを立ち上げて試行錯誤していたところ、次第に順調に売上を伸ばしていき、本社の既存事業の業務用の部分も新しいやり方に置き換えてしまうようなことを起こしたりします。

次世代のアトツギは、自分より年上のシニア世代を教育して行動変容してもらうことに時間をかけている余裕はないのです。有能な若手社員を自分のチームに招き入れて、社内プロジェクトとして新たな事業領域を切り開いていくことが求められます。先代と同じ会社運営のスタイルを踏襲する必要はまったくありません。

老舗は常に新興企業に追われる立場にあります。トップが常に最新の情報に触れて会社を改革していくことに努めないといけません。その変革のスピード感は、若い世代の方が早く大胆です。シニア世代は、次世代後継者がのびのびとチャレンジできる環境をつくること。勢い余って脱線するのを横から手綱を握って軌道修正するくらいの関係性が持てたら一番良いのでしょう。活力を維持している老舗では、そういう役割分担ができているように思います。

次世代後継者が、自分の世代の標準、行動規範を自らつくっていくことが第2創業の本質ではないでしょうか。新しい製品・サービスをつくったり、新しいセグメントの顧客を追ったりしていくことよりも、足元の社内の仕事の改革を先に行えなければ、あっという間に新興企業に追い抜かれてしまうでしょう。老舗が隙を見せれば、そこには大きなビジネスチャンスが生まれてしまいます。

大企業でCVC（Corporate Venture Capital）という動きがあります。投資を本業としない事業会社が、自社の事業分野とシナジーを生む可能性のあるベンチャー企業に対して投資を行うことや、そのための組織を指すのですが、新たな事業領域を見出すために必要と考えられています。

大企業がお金で課題解決しようとしているようにも見えますが、このような動きに遅れることなく、老舗の中小企業では自ら社内でベンチャー的な動きをしなければいけません。近年、ベンチャー型事業承継という考え方が広がっているので、そのあり方を考えてみましょう。

「老舗の若手アトツギ」が新領域に挑戦する動き

私は現在、2つのタイプの経営者の方々の支援をしています。ひとつは、60〜90年と続く老舗企業の後継経営者の方々への支援です。そしてもうひとつは、まったく新しいビジネスにチャレンジするベンチャー経営者の方々への支援です。

老舗のアトツギのひとりは、「正直なところ、自分もまっさらなビジネスに挑戦したい」と、はっきり言います。せっかく家業を引き受けたものの、余計なしがらみにとらわれ、苦労が多いと言います。その原因として、社内のいろんな仕事のやり方が時代に合わなくなっており、一つひとつを修正する作業に多くの労力を取られているという点があります。

たとえば、同じ事業領域で新しく設立されたベンチャー企業と老舗企業が、その新しい事業に取り組もうとしたときに何が起こるかというと、ゼロからはじめるベンチャー企業の方が展開のスピードが速くなってしまいます。

老舗では社内のしくみを現代のやり方に合わせていくことだけで、多くの労力を使ってしまうでしょう。特にシニア、ミドル、若手で仕事のやり方、ＩＴツールの使い方などが全然違う、というようなことが起きてしまいます。

ベンチャービジネスの経営者は新しいアイデアを持っているものの、会社の信用力や人的ネットワーク、資金調達力などの経営資源が不足し、その点で苦労しています。

一方で、老舗ファミリービジネスの後継者が新事業にいざ取り組もうとしても、特に40歳以上のシニア社員たちが、新しいことへのチャレンジに抵抗感を示すことを経験しています。後継者の側は、従来からの事業を否定的な目で見るため、すべてが古臭く見えてしまう傾向があるのです。従来事業からの知識、経験、ノウハウが、ちょっとした工夫やリフレーム（視点の転換）によって、新事業にも強力なリソースになることを見落とすケースも多い点に注意が必要となります。

一般的には、ベンチャー企業を経営する方が、リスクが大きくてむずかしいととらえられがちですが、実際は、老舗のアトツギが時代の変化の波を乗り越えて、新たな要素を付け加えて、既存の事業を存続させていく方が、より難易度が高いように思います。

つまり、後継者が古くから行なっている事業に新しいビジネスを付け加えることは、起業家がゼロから新しいビジネスを立ち上げるよりもむずしい場合が多いのです。そこで近年では「ベンチャー型事業承継」というあり方が勧められています。

「ベンチャー型事業承継」については、近畿経済産業局がベンチャー型事業承継の啓発イベントと後継者予備軍を対象にした連続講座を実施している中で、次のように定義しています。

「『ベンチャー型事業承継』とは、経営を新たに引き継ぐ者が先代から受け継ぐ有形・無形の経営資源をベースに、新規事業、業態転換、新市場参入など新たな領域に挑戦することを表す……家業の経営資源があるからこそ生み出せる新たな可能性や、事業承継ならではの苦労や克服に向けた取り組みを共有する場を設け、若手後継者が新しい取組にチャレンジする機運を醸成します」

このような趣旨で、さらなる支援を行なっていくとのことです。

ベンチャー型事業承継により後継者がスムーズにビジネスを引き継いでいくためには、ファミリービジネスアドバイザーにも、さらなる能力が要求されるようになります。近年、ファミリービジネスの研究者の中に、ベンチャービジネスの分野から来ている人が増えているのも、そのためではないかと見ています。

アトツギが複雑な経営環境の下で新しいビジネスにチャレンジできるよう、新しいビジネスの知識を持ったファミリービジネスアドバイザーに、古い組織運営のやり方を根本から更新する作業を手伝ってもらうことをオススメします。

新領域への挑戦

既存事業を活かし、成長に向けた「次の一手」を打つ

第3章では、先代と次世代の葛藤の渦中での優先順位を決めること。また、老舗は常に新興企業に追われる立場にあり、最新の情報に触れて会社を改革していくことに努めないといけないという説明がありました。

私の取り組みは、ファミリービジネスが新しく付加する事業を見つけ出し、育てているという点で、みなさんのお役に立つかもしれません。

私が所属する広沢自動車学校は、1962年に祖父の廣澤勝が徳島県で創業。製材所の移転の跡地に「廣澤商店 廣澤自動車学校部」として設立されました。「お客様に最適な環境下で学んでもらえる自動車学校」「親切丁寧をモットーとした教習によって、高度で、安全な運転技術を習得できる自動車学校」でありたい。そんな創業者の「お客様第一主義」の強い思いを引き継ぎ、母の祖川康子が社長を務めていましたが、2020年10月に私が社長に就任しました。

2020年10月までの私は広沢自動車学校の経営に専務として携わりつつ、2017年にドローンスクール、VR映像事業、プログラミングスクール運営なども手がけるシンク・スリーという会社を創業。事業を育ててきました。

シンク・スリーの事業の中で、特にドローンスクール事業は、四国の自動車学校の中で最初に開講したこともあり、多くのメディアに取り上げられてきています。それもあって、1年間で100名以上が入校する規模となり、黎明期にあるドローンスクールとしては、非常に大きな成功を収めることができ

ました。
ここではこの事業を育てるまでの経緯や、なぜイノベーションが必要と感じるか、私なりの考えを説明したいと思います。

なぜ、ドローン事業が軌道に乗ったのか

①良い会社を受け継ぐということ

私は、2012年に広沢自動車学校にアトツギ候補として入社しました。ファミリービジネスの特徴かもしれませんが、入社時点でいずれは経営者となる人間として周囲からは見られます。私も入社時点は20代にもかかわらず、取締役という立場となり、社員たちからは敬語を使われ、特別扱いをしてもらうことに、恥ずかしさと違和感もありました。

入社当時の広沢自動車学校は、「広沢母校――日本一の心温かい自動車学校を目指して」（母校は、懐かしく、たくさんの思い出がつまっている「心のふるさと」。広沢母校として卒業後も、いつでも帰ってきてもらえる場にしたい）という経営理念が確立し、従来の自動車学校の概念を覆すお客様とのかかわり方、サービスが確立しており、周囲からもベンチマークに来ていただける「良い会社」でした。改革を掲げて数年が経過し、徐々に周囲からの高い評価と、顧客満足度の高まりもあり、会社全体で現在の方向性に確たる自信を持っている時期に私は入社したのでした。

ところで、成功したアトツギのお話で多いのが、入社時点で会社が悪い状態だった、人間関係の崩壊や売上高の圧倒的な低下により会社が立ちゆかなくなっていた中で、社内の既得権益に立ち向かい、イ

ノベーションを起こし、会社を立ち直らせたといったストーリーです。しかし、私の場合はすでに良い会社という評価を受けていたために、イノベーションの必要はないという周囲の認識だったのです。

ただし、私自身はアトツギとして入社をしており、ファミリービジネスの特徴である次期経営者が早い段階で確立している以上、何かしら社内で存在感を発揮しなければならない。同時に、時間をかけて自分の時代を一緒に戦ってくれる若手を育成する必要があると考えていました。とは言え、そういった課題に対して現状がうまくいっているために口出しをできる場所が少なく、焦りと喪失感みたいなものがありました。

アトツギにとって、経営がうまくいっている、もしくは方向性が確立している会社に入社できることはもちろん、とても幸せなことです。それをつくり上げてきた先代をはじめ、社員には感謝と尊敬の念があるのは事実です。しかし、贅沢だと思われるかもしれませんが、「自分はどうすれば良いのか」といった課題に突き当たり、苦悩する人は私だけでなく、同じ境遇のアトツギにとっては多いのではないでしょうか。

②自分にできることを考える

というのも「はじめまして。祖川嗣朗と申します」と挨拶をすると、「ああ、広沢自動車学校のご子息ですか。良い会社に入社できましたね」と、声をかけてもらえることは、とてもありがたいことですが、一方で、自分が何もできていない、ただ敷かれたレールに乗っているだけのような気がして、複雑な感覚を覚え続けていたからです。

しかし、この環境に甘んじているだけでなく、強みとして活かすことを考えよう。そのためにできることは何なのか、自社を分析し、何ができるかを過去の書類やデータを元に考え続けることにしたのでした。

この思考プロセスの中で、自分がやるべきことが明確になりました。それは、売上の向上です。当時、社員満足度は非常に高く、顧客からの評価も高かったのですが、大切な指標である売上・入校数に関しては競合と比べても低かったのです。満足度が高くボトムアップ型の組織になってきましたが、結果が出ていないような状態だったのです。

③再度、社内改革を行う

利益を出す体質に変えるためには、さまざまなことに着手する必要がありました。内容は、今回は割愛しますが、その過程や必要性を説いていく中で、社員からは反発もされました。「理念がわかっていない」といった憤怒の声や「すでに、一度、改革を行なったのに再度行うことは、もう精神的にもたない」といった声など、社員グループから2カ月間無視され続けたこともありました。

ただ、その声を聴きながらも、自分が決めた「利益を出す体質に変える」というポリシーだけはぶれないようにし、時間をかけて社内のキーマンと対話を続けました。

「何より現在の経営理念を変えるわけではなく、広沢自動車の夢を実現させてもらいたい」「さらに広沢自動車を大きくしていくには、売上を上げて利益を出せる体質に変えていくことが、何より大切なこと」と伝え続けていく中で、徐々に賛同者が増えてきました。

何よりも大きかったのは、当時、社長でもあった母の理解でしょう。社内の幹部やキーマンに私の思いや信念を伝える橋渡しとなってくれたうえ、社内改革に一番大切であった採用業務を一手に任せてもらえました。結果として、このときに採用した社員が改革の原動力となって社内を牽引し、入社後に一気に社内が変化していったのです。

④改革の成功と、それによって見えてきたもの

入社から4年後、広沢自動車学校は創業50年以上経過して、初めて地域でナンバーワンの入校を誇る自動車学校となり、以降も増収増益を続けており、さまざまな経営の表彰をいただいています。その数値的な成功を社内で共有できたことで、会社は過去にないくらい社員との関係も良好となりました。

成功を収める中で、私自身にも大きな変化が起こりました。②で社員から反発を受けたとお話しましたが、「すべての社員とこの会社を本気で守っていこう」という覚悟が生まれてきたのです。では、会社と社員を本気で守るとはどういうことか。

この問いをずっと考えていく中で、未来を考えるようになりました。今後、自分たちの未来に起こることは何か。それは明るい未来だけでなく、少子高齢化、自動運転化社会の到来といった自分たちだけではどうしようもない、社会環境の変化です。これまで人口増加と経済成長に支えられてきた自分たちは、今後その恩恵を受けられなくなるだろう。

つまり、現在のベクトルで会社の成長を続けても、同じ対価は得られなくなるということで、新たな成長の軸を確立させることができなければ、いずれ衰退を迎えてしまう。その衰退はそう遠くない未来に訪れる。経営が安定し、社内のモチベーションが高いいまこそ、新たなビジネスモデルを確立していく必要がある。それが、自分がすべきことであると考えるようになったのです。

⑤ファミリービジネスだからこそ可能な新規事業の設計

この問いに対して自分が向き合ったのは、経営理念における変わらないものは何かということと、広沢自動車学校から自動車学校という機能的価値を引き算したときに何が残るのかということです。この問いを考えていく中で、いくつかの強みを整理し、まとめました。その結果、

自社の「変わらない強み」に、これからの「変わっていく時代」を掛け算したとき、ドローン事業をはじめよう。

こうした結論に至ったのでした。必要な資金や事業計画について投資ができたのは、ファミリービジネスであったからだと思います。一般的に、一番必要であった人的資源を活用することは、通常であれば反発が起こることだと思います。しかし、経営理念から考えたときに何が必要なのかを私がプレゼンテーションしていた、当時の社長である母が耳を傾けてくれたのは、親子であるからです。また、ファミリービジネスであるという信頼関係があったからだと考えています。

そして、ドローンスクールは、自動車学校が手がけるドローンスクールとして四国で最初の触れ込みが必要で、スピード感を持って開校することが何より大切でした。実際にスピード感を持って実現できたのも、ファミリービジネスだったからだと考えます。このビジネスの将来性に共感してくれる人もいて、結果として多くのメディアに取り上げられて、1年間で自動車学校の二輪入校の売上と並ぶくらいの事業に成長しました。ドローン事業は顕著な成長を続けていますが、同時に新規事業を現在いくつか展開する予定です。

消費者志向経営「内閣府特命大臣賞」を受賞!

また、広沢自動車学校本体も順調に成長を続け、シェア1位をキープしています。

うれしいことに、広沢自動車学校は、消費者庁による令和元年度「消費者志向経営（サステナブル経営）優良事例表彰」において、地域に密着した消費者第一の事業経営を高く評価され、最優秀賞に相当する「内閣府特命担当大臣賞」を日本全国で唯一受賞しました。

消費者志向経営とは、事業者が「消費者全体の視点」「健全な市場の担い手」「社会的責任の自覚」の3点を経営の中心と位置付けることにより、事業者・消費者・社会全体の三方にとってよりよい事業の実現を目指すものです。

こうしたさまざまな取り組みができたのも、若手メンバーが誰一人欠けることなく、彼らが現在の事業、そして新規事業展開の原動力となってくれたからです。

これも自分自身も心から共感できる経営理念の「広沢母校——日本一の自動車学校を目指して」があるからです。広沢母校の精神とは、「ただ運転技術を教えるだけではない、生涯の財産となる経験を提供する自動車学校として、一生無事故の良質なドライバーの育成を図ることで、交通事故の少ない安心・安全な社会の実現を目指す考え方です。

この実現のために、さまざまな環境変化を乗り越えたうえで新たなことにチャレンジし続けたいと思っています。私のこうした経験からファミリービジネスのアトツギが、新規事業を行うべき理由をまとめてみました。

・資金面・精神面で不安が少ない

既存事業の資金を活用できることは非常に大きなアドバンテージです。それができるのは、やはりファミリービジネスの最大の強みではないでしょうか。短期的な結果が出にくく、我慢が必要なこともある新規事業ですが、以下に述べるメリットも重ねて親子で相互理解をすることができれば、投資の価値があるという判断が可能だと思います。

・自分を支えてくれるチームができる

ファミリービジネスでむずかしいのは、入社時にすでに独自のしくみができあがっていて、1から誰かと関係を築きにくいことだと思います。多くのアトツギは、既存幹部や経営陣との関係に悩みます。しかし、新規事業を自分が手がけることで、社内において現在の組織を守る既存組織と未来を担う新規組織の棲み分けが可能となります。

また、親子という信頼関係があるからこそ、この既存組織と新規組織の相互理解が可能となり、共に共通の目標を目指すことが可能となります。

・自分にとっての将来像が明確になり、理念の理解ができる

新規事業を手がけることは、ヒト・モノ・カネすべてにおいて、責任を持つことです。事業として成立させていくための収益を自分が上げていこうと思えば、自分の成長も必要でしょうし、周囲の力を借りることも必要でしょう。そこに対して売上という絶対的な結果があります。

これらを達成していくには、自分の強みを知り、既存事業の強みを知ることが必須です。その過程で、これまで築き上げてきたことへの感謝や尊敬が生まれ、自分がどう生きていくのかを自問自答するようになります。

多くのアトツギと話をしてきて、その悩みの多くは人間関係と自信の喪失だと感じています。ひとりでも多くのアトツギが、自らが主体となってイノベーションを行い、自身のすばらしさと、受け継いできたものの尊さに気づき、自分の立場を誇りに思えるようになる。このビジョンを描くことが大事なのだと考えます。

祖川嗣朗

バトンを渡す

先代から若くして事業承継するアトツギの条件

ファミリービジネスが長期に繁栄するための絶対条件。それは20～30年に一度、事業構成や仕事のやり方を変えることだと言われています。そういう点から言えば、広沢自動車の取り組みは、理に適っているのだと思いますが、「言うは易く行うはむずかしい」という故事があるように、そう簡単なことではないはずです。

どうしてか。人は老いると、どうしても保守的になります。過去の成功体験に固執して、新しい考え方を受けつけないこともあります。その点、若い人は失敗を恐れず、何にでも挑戦できます。成功体験がないからこそ、一心不乱に事業に打ち込むことができます。

よって事業承継は、できるだけアトツギが若いうちに行うべきではないでしょうか。それは、伊勢神宮が式年遷宮によって瑞々しさを保っているのと同じです。伊勢神宮には、2000年の歴史があります。しかし、いつ出かけても新鮮で、霊験あらたかな気持ちになります。

それを可能にしているのが、20年に一度の式年遷宮です。式年遷宮は、社殿や鳥居をまったく新しくつくり変える儀式です。刷新こそが、瑞々しさを保つ秘訣なのです。

そこで、ここでは息子が35歳で社長に就任した老舗企業の事例を紹介します。この事例を通じて、若くても事業承継が成功する秘訣に気づいていただけるのではないでしょうか。

どん底で出会ったメンターが教えてくれた経営者の覚悟

「二度とあんな体験はしたくない」

サシヒロ株式会社の4代目社長、松本晋哉さんは、自分の20代をそう振り返ります。

同社は、大正2年創業の木製品メーカーです。35歳になった2013年、当時65歳だった父・修治氏からバトンを受け継ぎました。主力事業は、オフィス家具やレストランのテーブルに用いられている天板の製造です。天板は一般の木材に比べ、特別な精度と硬度が求められます。同社はその加工技術が高く、大手家具メーカーがこぞって製造を委託するのです。

同社の売上は約20億円、社員数約100人ですが、バブル期には売上が60億円以上もありました。当時はオフィス家具のほか、住宅の出窓用の木材も加工していたからです。しかし、90年代半ば以降、住宅の出窓の需要が激減。売上は急落し、以後、同社は慢性的な赤字経営に陥ります。

晋哉さんが入社したのは2002年、連続赤字の真っただ中でした。24歳の晋哉さんは英国に語学留学中でしたが、父である修治社長に急遽、呼び戻されたのです。赤字続きの職場は悲惨なものでした。コストカットのために、2センチ以下にまで減った鉛筆を購入依頼書にセロハンテープで貼り付けないと決裁が下りない状況でした。

社員は次々と辞めていきます。そんな中、社長の息子が入社しても、みんな腫れものに触るように距離をとるだけ。社内に友人などできませんでした。

管理部門に配属された晋哉さんは、会社を何とかしなければと思いました。経営学の本を次々と読んでみました。地元の中小企業家同友会にも熱心に顔を出しました。しかし、何から手をつけていいのかがわかりません。休みの日に家にいても、不安ばかりが先行します。そこで会社に行って朝から晩まで草取きをして帰る……そんな気持ちばかりが焦る日々を過ごしました。

そんな晋哉さんの目の前に、経営を教えてくれる2人のメンターが現れます。大手家具メーカーを役職定年になった技術者が同社の赤字脱出のため、アドバイザーとして常駐することになったのです。

「御社では休みの日に、誰も出勤しないいんですか」

2人のアドバイザーは、当時の修治社長にこう質問をしました。

「私たちがいた大手企業では、土曜日になるとみんな出勤し、朝から晩まで改善活動を行なっていました。当社でも改善活動をやるべきです」

社長はこれを聞いて驚きました。休みなのに社員に出勤要請するのは辛いことです。しかし、背に腹は代えられません。隔週土曜日に半ば強制的に社員を出勤させ、改善活動を行いました。

当然、社員は反発します。ミーティングでは喧嘩のような言い争いが絶えませんでしたが、自分たちの改善案が採用され、徐々に成果が出はじめると、社員の態度は変わります。いつしか休日の改善活動に、自主的に参加するようになったのです。

こうした改善を進めるのと同時に、資産処分も進めました。そして、晋哉さんが入社して4年目、念願の黒字転換を果たします。この間、アドバイザーの2人と多くの時間をともにした晋哉さんは、経営の厳しさを叩き込まれたのです。

誰よりも早く会社に来て、誰よりも遅くまで会社に残る。そんな晋哉さんに頼もしさを感じた修治社長は、代替わりを考えはじめます。

修治社長の周囲には、「親父がちっとも社長を譲ってくれない。俺を信用していないのかな……」と、50歳を過ぎて愚痴をこぼすアトツギが何人もいました。それを聞きながら「アトツギから『自分を社長にしてください』とはなかなか言えるものではない。社長から『社長を譲る』と言わないと、アトツギは伸び悩んでしまう」と考えるようになります。

そして、自分が65歳、晋哉さんが35歳のときに事業承継することを決意します。この年齢を選んだのは、自分自身が35歳のときに社長に就任したからでした。また、その年に自分が新市場を開拓し、成功した経験があったからです。この成功体験が「35歳でも社長はできる」と信じる根拠となりました。「鉛筆だってパソコンに変わる時代だ。次の時代のことは、次の世代に任せた方がいい。トップが若ければ、社員も変化するだろう。そして安心するだろう」。

こうして、晋哉さんは30歳のとき、専務に昇進します。それまで同社には、専務と常務を務める修治社長の義兄2人がいましたが、2人とも役員定年を迎えて引退しました。ここから5年間、晋哉さんは名実ともにナンバー2として、社長になるための修行を積みます。

この間に晋哉さんには、どうしても身につけなければいけない能力がありました。「機械を選ぶ眼力」です。同社は装置産業です。良い機械をベストなタイミングで導入することが、競争優位上、欠かせません。

修治社長は、社員数100人ほどの中小企業向けの機械は決して購入しませんでした。常に社員数1000人ぐらいの大企業向けの機械を求めていました。どこにもない高性能な機械を導入すれば、他社と差別化できます。新しいお客様を獲得できる可能性も広がります。

機械を見る目は、理屈で学べるものではありません。必要なのは、「次はこんなオーダーが来る」という時代の先読み力。そして「この機械だ！」と選ぶ研ぎ澄まされた眼力です。

それを身につけるため、晋哉さんは修治社長のドイツ出張に何度も同行しました。ドイツは木加工の本場で、展示会には最先端の機械が多数、出展されます。

途中、晋哉さんと社長は、幾度となく会社の未来について話し合いました。その中から先読み力と機械を選び取る直感力を身につけていったのです。

急成長の中で「人を大切にする経営」を学ぶ

そうやって投資した機械がお客様に評価され、業績が右肩上がりで伸びていきました。リーマンショック後に一時13億円にまで落ちた売上は、わずか3年で20億円近くへと急成長。この時期は本当に苦しかったと晋哉さんは振り返ります。

それまで絞りに絞った会社の体力は、急激な拡大に対して余力を残していませんでした。急増する受注をこなすには、労働時間を長くするしかありません。朝7時半に出社し、夜の12時近くまで働く日々が続きました。この急成長を通じて、晋哉さんは「働きすぎると人は精神的に参ってしまう。そして、苦しすぎるとアイデアが出ない。人を大切にする経営をしないとわが社に明日はない」と気づきます。この気づきは、同社が働き方改革を進める中で、大きな学びとなりました。

35歳のとき、晋哉さんは予定通り社長に就任しました。以来、同社は安定した利益を出し続けています。19年には幹部を巻き込んで2025年ビジョンを作成しました。コロナショックにも「既存事業の伸び悩みを好機ととらえ、ビジョン実現に向けて投資をしていく」と動じるところはありません。20代にどん底を経験し、その後の急成長を経験したからこその落ち着きぶりです。

そんな晋哉社長を社員は心より信頼しています。そして、誰よりも修治会長が彼を信頼し、温かい目で見守っています。

この事例から35歳で老舗企業を引き継ぐためにやっておくべきことを3つ抽出しましょう。

①20代のうちに敢えて経営の厳しさを体験させる

「三つ子の魂百まで」と言う諺《ことわざ》がありますが、これは社会人にも言えます。長いビジネスマン人生のうち、下積みと言われる20代に身につけたことは、一生の宝になります。後継者にとって一番の宝は、「大丈夫。どんな危機でも自分は必ず克服できる」という自信です。そう強く思えたら、どんなピンチにも平常心を失うことなく冷静に対処できます。

それには、20代のうちに危機突破体験を積むことです。すると、周囲から「あの危機を乗り越えられたのはこの人のお陰だ」という信頼が得られます。一度この信頼を得ると、社員は先代同様、どんなピンチのときでも「あの人なら、きっと大丈夫だ」とアトツギを信じるようになります。

②メンターに出会い、メンターに学ぶ

あなたは、もしこの時代に本田宗一郎氏から学ぶ機会があれば何を学びますか。経営の技術ですか。それとも、夢を追う生き方でしょうか。おそらく彼らの知識や技術ではなく、生き方ではないかと思います。なぜなら、知識や技術は誰からでも学べますが、生き方は一流人にしか学べないからです。

とりわけリーダーに欠かせないお金と時間の使い方は、誰も教えてくれません。アトツギはメンターを探し、メンターに学びましょう。そして、リーダーに相応しい生き方を身につけましょう。

③会社を長く繁栄させる宝剣を手に入れる

悪魔の城に囚われたお姫様を救出するロールプレイングゲームがあります。このゲームでは、主人公が「悪魔を倒すにはこれを使うしかない」という伝説の宝剣を手に入れます。そして勇者となり、激闘の末、姫を救います。

アトツギは、このゲームの勇者と同じです。お客様や社員を救うための「宝剣」を手に入れないといけません。その「宝剣」は、代々受け継がれてきたもので、特定の人にしか使えないのです。

晋哉さんにとって「機械を選ぶ眼力」は、まさにこの宝剣でした。わが社の「宝剣」を見極めてきちんと受け継ぐこと。それが、創業者の志を未来へとつないでいく者の使命なのです。

酒井英之

コーチング

「ワンマン型親父」から「コーチ型親父」へ転身せよ

私はアトツギである息子に、実際に事業承継をしました。その体験を「これから事業承継を迎える人」「事業承継の渦中にいる人」のためにご紹介したいと思います。

私は1969年、父、末松富三郎が会社創業後、わずか7年で死去したことにともない18歳で継ぎ、工業用特殊ブラシの製造・販売をする京阪刷子製作所・代表取締役に就任しました。1989年には、バーテックへ社名を変更し、2008年、57歳で代表取締役会長職に就きました。それにともない、27歳だった息子に事業承継をしました。そして同年、中小企業専門のビジネス・コーチとして開業をしました。

私のこうした経歴を話すと、「なぜ、20代という若い息子さんに社長業を譲る決心をしたのですか」と、よく聞かれます。

答えはシンプルで、会社の永続的発展を最優先したからです。

事業承継は、駅伝競走と言われています。「自分ファースト」で考えるのか。あるいは、「会社の永続的発展を考えるのか」の二者択一があるわけですが、私は後者を選択したのです。

さて、標題の「ワンマン型親父」と「コーチ型親父」[3]についてくわしくは後述しますが、私のケースにおける親父像についてお話ししましょう。

自分ファーストの「ワンマン型親父」は、本人がやめると言うまで事業を続けられます。「中小企業の社長は3日やったらやめられない」と言われるように、それはトップである自分の思う通りに会社経営ができるためです。もちろん、利益を出し、税金を払い、雇用を守り、地域貢献していかなければならないという重圧はありますが、言い換えれば、結果さえ出せば誰も社長を辞めさせることはできません。しかし、会社の永続的発展のためには後者の「コーチ型親父」が大事であり、自身もこちらを選択しました。

なぜなのか。創業者である父が48歳で亡くなるという経験をしたからです。当時、私は大学受験をするも不合格で、浪人生活を送っていました。浪人生ですから、周りも言いやすかったのでしょう。「社長になるのは、お前しかいない」という雰囲気になり、あれよあれよと親父の事業をそのまま引き継ぐことになったのです。

ところが、いざ社長になってみると、若かったこともあるのでしょうが、たくさんの苦労をしました。こうした経験が気づかせてくれたことは、アトツギが社長業を身につけていくためにも、「事業は現役社長自身に余力があるうちに、次の世代に引き継いだほうがいい」ということでした。

新旧社長の「並走期間」があったなら、あんなに苦労せずにすんだのに、という切実な思いがあったためです。しかも「並走」をうまくやるには、ワンマン型親父ではなく、コーチ型親父に限るというのが、長年、経営者を務めてきた経験からたどり着いた私の結論です。

では、若いアトツギにつなぐメリットとして、どういうことがあるのかと言えば、

①若ければ若いほど社会の変化に柔軟に対応し、チャレンジができる。
②早い時期から断崖絶壁体験などの失敗から這い上がる経験ができる。
③経営者が若いと幹部も社員も若くなる。パワーとスピード感が違う。

④社長が若いと、ステークホルダー（顧客・仕入先・金融機関など）が応援したい気持ちになってくれる。
⑤若いうちにアトツギが「継ぐ覚悟」を決めると、本人も企業も一段と成長が早くなる。

ということです。とは言え事業を渡す親父経営者がただアトツギのそばで見ていればいい、というわけではありません。私の場合、課題はひとつ。どうしたら息子を、一人前のたくましいアトツギに育てることができるかでした。その課題解決のために、自分自身がコーチ型親父になって取り組んでみることにしたのでした。

私の人生を変えるきっかけとなったコーチング

私がコーチングに出会ったのは、次のような人生のどん底にいるときでした。私は、とんでもないワンマン親父経営者でした。否定的な言葉を発する。こんなのやって当たり前！　と平気で相手をけなす。できないところばかりを見て指導する。人の話を聞かない経営者でした。

そんなコテコテのワンマン親父のスタイルでやってきたのですが、断崖絶壁に追いやられたピンチのときがありました。それはＩＳＯの認証を取得しようと、７年間に渡り、コンサルタントに来てもらい取り組んだのですが、取得できなかったのです。

あるべき姿を追いかけては、「俺は正しい！　悪いのは動かない部下の方だ」と真剣に思っていたことが理由なのですが――。当時はそんなことには気づきませんでした。

つまり私は、「コンサルタントには自身が依頼した話。頼んだからには意地がある。ＩＳＯを取得するまではコンサルティングを断ることはできない」という思考だったのです。しかし、現実に目を向けると毎月のコンサルタント料もかさみ、これ以上払えない逼迫《ひっぱく》した状況に追いやられてしまったのです。まさに断崖絶壁です。

恥を忍んで自分の気持ちをコンサルタントに告白すると、ポツリと、「コーチングという方法もあるんですよね」と言われたのです。

「えっ、コーチングってなんだろう」、とすぐさま言葉に反応した当時の私は、藁《わら》にも縋《すが》る思いでした。コーチングについて教えてもらい、間を空けずコーチングの会社に電話で問い合わせをし、息子と私で講座を受ける決意をしたのでした。

期待に胸をふくらませ、その第1回の電話でのコーチングに臨み、いままでの経緯を説明すると、コーチからは、

「お話はわかりましたが、もし、あなたがその原因をつくっているとしたらどうしますか」

と、考えもしていなかったことを言われました。しかし、その質問は強烈なインパクトがあり、心に刺さりましたが、同時に怒りもこみ上げてきました。ムカッとした私は、気持ちがおもむくままに、

「今日のコーチングセッションはこれで、もういいです」

と言葉を発し、電話を一方的に切りました。

なぜなのか。「こちらはどれだけ考えに考え抜いて、いまの形態で企業経営をしてきたのかわかっているのか」、という思いがあったのです。つまり、自分は100%正しいと考えていたためです。それからしばらくは、腹の虫が収まりませんでした。

そうこうするうちに、半月ほど経過し、気が乗らないままに次の電話でのセッションがやってきました。ところが、そんな気持ちとは裏腹に不思議なことに、頭の中では変化が起きていたのです。時間が経過するにつれ、もし1%でも自分が変わり、ISOを取得できるのであればやってみようではないか、と考えるようにもなっていたのでした。

そこからです。いままでの自分とお別れを告げ、一歩ずつの新たな取り組みをはじめたのは——。例をひとつ挙げれば、まず、

「この件は、あなたはどう思う?」

と、社内で部下の意見や話を聞くときに、きちんと耳を傾けるようになりました。自分の考えを一方通行で話していたのを双方向の対話に変えていったのです。こうして自らのコミュニケーションの取り方を変えると、社内の雰囲気は変わるものです。「コミュニケーションはキャッチボール」とはよく言ったもので、「社長が変われば部長も変わる」「部長が変われば社員も変わる」ことが肌で感じられました。こうして社内での会話が「紋切型」から「対話型」に変わり、対話が弾むようになっていったのです。それからの社内の変化は、スピードアップしました。

すると不思議です。あれだけ苦労しても取得がむずかしかったISOの認証がおりました。それどこ

ろか14001、9001、23001も、すんなりと認証取得できたのです。

このとき学んだことは、次のことです。

「過去と他人は変えられないが、未来と自分は変えられる」

ということでした。アトツギのみなさんにも、このことをぜひともアドバイスしたいのですが、親父経営者や部下を変えたいと思うアトツギも、ぜひともこの事実をまわりの人に伝えてほしいと思います。いま、仕事がうまくいかず悩んでいるのなら、そのエネルギーのすべてをまずは、「自分を変えること」に使ってみてはどうでしょう。

いずれにせよ、こうした苦しい経験は、のちに私と同じようなことで悩んでいる人がいるという事実を知るきっかけにもなりました。こうした理由から、私自身はアトツギの息子に社長の座を譲り、「事業承継のメンターコーチを天職にする」と、決めたのでした。

事業承継の華々しいゴールは、ファミリービジネスを永続的発展ができる組織にすることと考えました。このことに関する裏づけがあることは、『星野佳路と考えるファミリービジネスの教科書[4]（日経BP刊）』を読み、理論を知りました。米国ノースウエスタン大学ケロッグ大学院の教授だったジャスティン・クレイグ氏は「4L」というフレームワークがあることを説いています。この本から引用すると、「4Lは学習と人生のサイクルを示す」そうなのですが、「L1は、ビジネスを学ぶ」「L2は自分たちのファミリービジネスを学ぶ」「L3は率いることを学ぶ」「L4は退くことを学ぶ」という段階を踏み、それはぐるぐると回っているそうです。私はL4にいたわけです。

これを知ったときにアトツギに計画的に事業をバトンタッチをしてよかったのだと安堵もしました。つまり、バトンを渡す親父経営者として、アトツギをプロの経営者に育てることはとても大事だと実感できたわけで、いまではこれが持論にもなっています。

では、こうしたアトツギに事業を上手に譲るという目標を達成するために、親父経営者はどうしたらいいのでしょうか。

とにかく、自らがコーチ型親父に変わってくださいと提唱しています。

事業承継で最もむずかしいのは、親父経営者の出口戦略です。親父経営者はアトツギに自分の会社を任せたら、別の場所に移らなければなりません。私の場合は、自らの体験を活かせる「事業承継メンターコーチ」という舞台を選びました。これが親父経営者の成功モデルになればと考えたのです。現在はコーチ型親父であり、かつ経営者出身のファミリービジネスアドバイザーを育てていく活動も行なっていますが、私の経験を活かせることに生きがいとやり甲斐を感じています。

「ワンマン型親父」と「コーチ型親父」の違いとは何か

ところで、アトツギが生まれながら持っている才能を最高に引き出す親父のことを私は、「コーチ型親父」と呼んでいます。人が成長するのは、「インプット」ではなく、「アウトプット」だからです。どういうことなのか説明を加えれば、たとえば、アトツギがセミナーを受講するとしましょう。

そうであれば、親父経営者は後で、アトツギからセミナーを受講した内容を教えてもらえばいいのです。教えてもらう側に親父経営者がまわることで、アトツギを一人前にすることができます。これがアトツギを育成するベストな方法です。

しかし、現実はなかなかうまくいきません。多くの親父経営者は、アトツギに自分の知識と経験を教えなければならないと思い込んで、自分流で頑張ってしまいます。しかし、人の才能を引き出すためには、身体全体で見本を示して伝授するほうがいいのです。

このスキルをアトツギが身につけると、部下社員の育成にも大いに役立ちます。さらに外部専門家を活用する場合でも、後継者は外部専門家の才能を最高に引き出すことができるようになります。

そこで「ワンマン親父」から「コーチ型親父」になるための4つのポイントを紹介しておきましょう。

①コーチ型親父の旗印は「負けるが勝ち（価値）」

とにかく勝ちにこだわらない。「ワンマン型親父」は勝ちにこだわります。できごとの小さい大きい、年齢、性別にかかわらず、相手が誰であれ、負けるのがきらいなのです。「コーチ型親父」は、「負けるが勝ち」といった考え方をします。自分が求めたいことは何かをよく見極め、そのこだわるところひとつを除いては、相手に負けて関係を良くすることを優先させていきます。

②息子のことを褒める

「ワンマン型親父」は、アトツギのことを褒めません。日本は謙遜を重んじ、褒めにくい社会環境にあるからでしょう。しかし、「コーチ型親父」は、「親バカ」と言われても、アトツギの良いところを観察して、素直にありのまま具体的に指摘して褒めていきます。落語によく出てくる「親ばかちゃんりん」くらいがちょうど良いのです。

③「トンビが鷹を産んだ」を喜べるコーチ型

「ワンマン型親父」は、自分が後継者より劣っていると言われることに抵抗があるため、「トンビが鷹を産んだ」とは言わせません。「コーチ型親父」は、「トンビが鷹を産んだ」といった状況を成功パターンと考えます。

④存在感のないリーダーをめざす

後継者とワンマン型親父が社内で存在感を出し合う競走をしてもうまくいきません。ワンマン型親父はだまっていても存在感があります。二頭政治は慎むべきです。

「親父経営者」はできるだけ早く事業承継を考えてもらい、次のワクワクする舞台をできるだけ早く自分で用意すること。また、アトツギは、自分の後に続くアトツギのことも考える習慣を身につけて、事業承継を視野に入れた経営に挑んでほしいというのが私の強い思いです。ぜひとも私の経験を一事例として参考にしていただき、みなさんの会社もファミリービジネスとして永続と発展に向けて邁進されることを願っています。

末松大幸

事業譲渡

アトツギ娘の決断――M&Aで老舗建設会社を譲渡へ

私は、家業の建設会社丸山組（愛知県）を2015年7月に父から承継し、2017年9月末に同業者へ株式譲渡する、という決断をしました。これは丸山組、従業員、私たちファミリーにとっても、ベターな選択だったと思っています。

しかし、中小企業のM&Aには、いまだにネガティブなイメージがつきまといます。果たしてM&Aは「やむを得ない選択」なのでしょうか。

従業員、売り手、買い手ともに幸せになれるM&Aはどうしたら可能なのでしょうか。正解はありませんが、ひとつの幸せを実現した跡継ぎ娘として、その要点をお伝えしたいと思います。

フェーズ0：決断の前　会社譲渡は日々の経営からはじまる

私が継いだ丸山組は、地場ゼネコンです。愛知県で1929年に曽祖父が創業し、高度経済成長期に製造業をはじめとする地元企業の建築工事の請負で成長しました。年間売上高は、譲渡直前で約12億円、従業員は事務員2名と16名の現場監督（2017年9月譲渡時）。丸山組は、いかにも地域の中小企業という体でした。

ホームページもなく新卒採用は10年以上行わず、給料への不満や「やらされ感」が社内にまん延。30歳で入社した私はあらゆる手段で社内改善を行いました。目指していたのは、「誰が見ても理解できる会社」。結果的にその改革が、M&Aで功を奏するとは思いもよりませんでしたが。

たとえば、会社の財布と経営者の財布が混ざりがちな中小企業。私は「これは会社経費では落としません」と、当時の社長（父）につき返したものです。一つひとつの経費に目を光らせるのは、楽しい仕事ではありません。けれど、この仕分けをやっておかなければ、M＆Aのデューデリジェンス（不動産投資やM＆Aなどの取引に際して、投資対象となる資産の価値・収益力・リスクなどを経営・財務・法務・環境などの観点から詳細に調査・分析すること）は、かなり面倒になっていたでしょう。これはほんの一例ですが、日頃の経営のすべてがあらわになるのがM＆Aです。経営の王道を地道に歩んでいるかどうか。それが、いざ表へ出したときの評価につながっていきます。

フェーズ1：着手前　何のためにM&Aをするのか？

30代で継いだ家業をたった2年で譲渡したと言うと、たいていの人は驚きます。丸山組は優良法人顧客をもち、ゼネコンとしては珍しくキャッシュフローの豊かな経営ができていました。地元では手堅い会社という評判をいただいていました。

それなのに、どうして譲渡を決めたのか？　ここには私の「自己実現」が隠れています。

自身の人生を幸せに生きる道を選択

私が丸山組を継いだのは「創業家として放っておくことはできない」という責任感からです。3姉妹（私は次女）のわが家には、すでに別の職に就いた姉と妹がいて「他にやる人がいないから自分が継ぐしかない」という消極的とも言える承継理由でした。紆余曲折を経て社長就任した2015年7月1日、そのときの感情をいまもよく覚えています。

「50歳になっても私はこの席で社長をやっているのだろうか。私はこのまま社長をやって幸せになれるのだろうか」。

承継という目的が達成されてしまったら、モチベーションがゼロになってしまったのです。経営計画発表会でビジョンを掲げられず、社員に「幻滅した」と言われるという情けない事態もありました。

もっと経営に向いた人が社長をやったほうがよいのではないか。

そもそも私は、経営者になりたかったのだろうか。

このような感情が渦巻いていた頃、結婚を考える相手が現れました。詳細は省きますが、結婚をきっかけに父と相談し「丸山組の譲渡」という選択肢を取りました。一見、会社と結婚を天秤にかけたようにも見えますが、私は「ここ（丸山組）でやるべきことをやった」という気持ちが大きかったのです。

もともと「創業家としての責任を果たす」一心で会社を継ぎました。その責任とは「社員の生活を守る」ことです。だとしたら、より良い経営者にバトンタッチするのも、その責任を果たす道ではないか。それは私にとって自然な考えでしたし、賛同してくれた父や母も、同じ価値観でした。

丸山組を離れた私はその後、2019年にファミリービジネス専門のファシリテーターとなり、同族企業の家族対話支援をはじめます。「組織に属さずプロフェッショナルとして生きたい」という自己実現への夢は、家業を手放すという心の痛い仕事をする自分を、最後まで支えてくれました。

私が決めたとは言え、創業家メンバーの合意は必要です。そこで家族会議を数回、開きました。経営には携わっていないものの姉妹は株主でしたし、家業を非常に身近に感じて育ちました。姉妹の賛同なくしてM&Aは実施できないという思いは、私と両親に共通でした。M&Aは成功しても、創業家が分裂してしまったりすれば元も子もないのですから。

創業家の強い合意形成はM&Aという孤独な作業の支えになりますし、家族の絆がより結束する場面でもあります。

「社員と家族の安定した生活につながるのか」が目指すゴール

フェーズ2：契約成立前　M&Aに欠かせない視点

M&A作業は、「何のために丸山組を譲渡するのか」というゴールを見据えて順調に進みました。M&Aの実務では、さまざまな決断を迫られます。ゴールが明確でなければ、そのたびに迷ったり、父と意見が異なった場合に収集がつかなかったかもしれません。私たちの目指すゴールは「社員とその家族の安定した生活」でした。私と父は常に「それは社員と家族の安定した生活につながるか」を軸に、話し合って決めていきました。

こうした決断のときに、誰の意思を尊重するかは重要なポイントです。「（会長と）話し合って決めていきました」と書きましたが、会長の意思確認は私に取ってクリティカルポイントでした。取締役を退任し、株式も手放していた会長には、実務的には何の権限もありません。しかし、丸山組を40年間に渡り経営したのは、この父です。たとえ権限がなくとも会長の意思を無視して進めてはいけない。私はそう自分に誓っていました。それが丸山組にとって、最も良い道をもたらすだろうとわかっていたのです。

ことあるごとに会長の意思を確認し、前述のゴールに立ち返り、決定していきました。M&Aは、極秘の孤独な作業です。父と二人三脚で話し合いながら進めることができたのは、幸いでした。

フェーズ3：契約成立後　前経営者、最後の仕事

買い手が無事に決まり、2017年9月中旬、調印式を執り行なったその日のうちに社内発表という最大の関門が待っていました。夕方、現場を終えた社員たちを会議室に集め、会長と新社長が両側に立つその真ん中で、私は話しはじめました。

「10月から丸山組の経営を、こちらにいる角文株式会社が担うことになります」。

その瞬間に理解できた社員は、ひとりもいなかったでしょう。茫然自失の社員たちを見て、自分が決めたことの大きさを自覚した瞬間でした。主要な法人顧客への説明には、新社長と私で回りました。前経営者の自分がきちんと説明しなければ、新しい丸山組がイメージダウンしかねない。前経営者にしかできない役目、それが「説明責任から逃げないこと」です。

会社を手放した社長には、翌日から一切出社しないという事例も聞きます。それはそれで事情があることでしょう。私は、丸山組のおかげで成長でき、結果としてこの決断ができました。ステークホルダーに対して説明責任を果たすことは、新しい自社のために売り手経営者ができる最後の仕事なのです。

①会社の価値を考える

M&Aでは譲渡金額という数字で、会社の価値を示します。過去の決算書と事業内容から会社の価値をあぶり出して金額に置き換えるのですが、大事なのは、金額という目に見える価値がどこから生み出されているのかです。目に見える価値は、目に見えない資産によってつくられているのです。

丸山組の価値は80年の実績、無借金経営、まじめな社員、失陥のない現場。こうした目に見えない資

産から成り立っていました。それを理解していない会社に譲渡してしまったら、買い手は価値の源泉を簡単に手放してしまうかもしれません。そうなったら社員の幸せもＭ＆Ａを意味もなくなってしまいます。売り手が自社の価値の源泉を深く認識し、買い手の理解を判断できるかどうかは大切な見極めです。

②創業家の役割を考える

代表取締役を降りてからの2年は取締役として会社に籍を置き、社員の話を聞いたり、新常務の経営相談相手として週に一度、会社へ顔を出しました。２０１９年10月末にその役目も終えましたが、いまでも時々、事務所へ顔を出します。会社がなくなるまで創業家であることは消えない。最後まで寄り添うことも（それで社員が安心するなら）、私は創業家の役割だと考えます。

③買い手を考える

Ｍ＆Ａは、買い手がすべてです。譲渡した後は何があっても、前経営者は口出しできないのですから。買収ありきではなく、その先のビジョンを持っているか。買い手企業の器とでも言いましょうか。それを見極めるのが、売り手側の仕事です。良き買い手に恵まれたこのＭ＆Ａの成功要因は、次の３つです。

・本気の人材投入――実務的に丸山組を指揮することになったのは、親会社で執行役員の男性でした。創業１５０年、社員１２０人の老舗建設会社を支えてきた人材をその10分の１規模の会社に遣《つか》わしてくれたことが、買い手企業の本気度を表していました。

会社ひとつ任せられる人材が買い手側にいるか、その人物を被買収企業に投入できるかは、Ｍ＆Ａの成功を左右する大きな要因です。

・長期目線——新社長は契約前から一貫して「徐々に進めます。一気には変えません」と言っていました。その言葉通り、本当にゆっくりと丸山組は変化を遂げています。

譲渡契約で決めるのはあくまで大枠。実務的にどこまで親会社に合わせるか（給与体系、原価管理手法など）は、新しい経営者のマネジメント志向に尽きます。

彼らは「丸山組のやり方のままが良い」面と、「親会社に揃えたほうがよい」面を丁寧に判断し、慎重に変化させていきました。おかげで社員へのストレスは少なく、それでいて順調に売上を伸ばしています。

・被買収企業に対する尊重——これらの根底にあるのが、創業家や社員への尊重です。相手を尊重するからこそ、いままでのやり方を重んじ、自分たちのやり方を急には押しつけないのです。

このことを表す象徴的なできごとがあります。譲渡の1年半後に丸山組は90周年を迎え、記念式典が催されました。その場で新社長から会長に感謝状が贈られたのです。譲渡から1年以上経っても創業家や被買収企業を尊重する親会社の姿勢が、社員に安心を与え、結果としての売上・利益増をもたらしていると感じます。

いまが順調だからといって、10年後も順調なのかは誰にもわかりません。先々、吸収合併となったときに、スムーズにいくかどうかもわかりません。M&Aの結果は10年後だと思います。10年後の幸せを目指して、新経営者は長期目線の経営を。創業家は静かに見守る役割を。

それが、幸せなM&Aを実現する鍵ではないでしょうか。

丸山祥子

こせがれが「みやじ豚」で新規事業に挑戦

「ファミリービジネスにこそ、コーポレートガバナンス（くわしくは第4章参照）を大切にしてほしい」と、私は常々考えています。と言いますのも、大企業と異なりファミリービジネスは、事業がニッチで、かつ情報化社会において、競合先との優位性を長期に保つことがむずかしくなっている業態が多く、より将来性を担保するためには、広い視野と探索と企業理念の素早い実践が重要になってきているからです。

私がこの観点から注目しているファミリービジネスがあります。

「かっこよくて、感動があって、稼げる」3Kの養豚業へ

そのファミリービジネスとは、宮治勇輔さん（以下、勇輔さん／1978年生まれ）が代表を務める株式会社みやじ豚です。

私がみやじ豚を知ったのは、勤務していた商社の海外駐在を終えて帰国し、2年ほど経った2007年の頃でした。子どもたちは大学生になっており、妻も子どもたちに手がかからなくなったことを機に、自分が好きな料理を人に教えたいと自宅で料理教室をはじめていました。

そんなある日の食卓で、教室でのメインの食材に豚肉を取り上げたいと妻と話していたときのことです。大学生の息子が、

「とてもおいしい豚を大学の先輩がつくっているから使ってみてはどう？」

と情報提供してくれたのがきっかけでした。

それから月日がたち、2018年4月に私はForbes Japanが主催する「日本が誇る小さな大企業を顕彰する「Small Giant 2018」(5)のイベントがあり、ゲストスピーカーとして勇輔さんが登壇もされることを知り出かけたのですが、初めて出会ったときの笑顔は印象的で、周りにいる人たちを明るくする雰囲気のある人でした。話の中で、

「自分がやりたいことは、実家の養豚にはないと思っていたが、それは間違っていた。就職して外で働いてみて初めて、家業に宝が眠っていたことを知った」

という言葉は印象的でした。

勇輔さんの著書『湘南の風に吹かれて豚を売る』(かんき書房、2009年)の冒頭にも、この「養豚への熱い想い」がさらに具体的に書かれており、それは、

「一次産業を、『かっこよくて、感動があって、稼げる』3K産業にする」

という理念として表現されています。実は、この「Forbes Japan」が「Small Giant」で顕彰した企業経営者は、ほとんどが若い2代目・3代目の方です。多くの若い経営者が、親父の代から続いている第一次産業のままでは、先行きの事業拡大が見えずに悩んでいることがあるようなのです。勇輔さんも第一次産業に携わる2代目として実家の旧来型の経営をする養豚業に知恵を出し、イノベーションを起こしていました。そして自らが開発した製品・サービスを世に提供し、成功に導いたということで注目

されているのでした。

流通のD2Cに誰よりも早く取り組んだ「みやじ豚」

ところで、勇輔社長の非凡なところは、当時、養豚で「D2C（Direct to Consumer）」という言葉がなかったときに、宣伝費用をかけずに、ブランド豚「みやじ豚」をつくり上げていったことでしょう。

ということは、いまから15年も前に、すでにこの着想を持っていたことになりますが、きっかけとなるできごとは、何だったのでしょうか。

原点は次のような体験をしていたことにあると言います。みやじ豚を買い求めると商品と共に同封されているパンフレットに、そのときの気持ちについて詳細が記載されているので紹介しますと、

『これ、宮治んちの豚なの？』

僕がまだ大学生の頃、親父が育てた豚の肉で友人とバーベキューをしたときのこと。「また食べたい！　どこで買える？」と聞かれて頭が真っ白になった。通常の流通過程ではどの農場の肉も一緒にされ、店頭では誰が育てたなんてわからない。

「親父の代で終わらせてはいけない」という想いと「宮治んちの豚肉をまたみんなで食べたいよ」という想いに応え、みやじ豚は誕生しました。あなたが大切な人と過ごす、特別な日に彩りを添える食材です。お口に届くまでを生産者がプロデュースしているから、名前を取ってみやじ豚。宜しくお願い申し上げます。

みやじ豚が企業という体をなしたのは、2009年のことです。勇輔さんは大学卒業後に入社した大手人材派遣会社を4年勤めて実家に戻り、親子の協議を経て、湘南地区で初めて「店舗を持たずに、直接消費者に小分けで販売するしくみ」をつくったのでした。

どのようにして直販をはじめたのかと言えば、大学生の頃から出会った800名の知り合いリストに、メールを打つことだったと言います。地道な作業には多くの時間が必要になるわけですが、そのときに父親と弟の大輔さんが生産を担当。販売に関連する電話受付は母親が行う、ということに決めて「家族総出の船出」となったのでした。

結論から申し上げると、このD2Cモデルは、折からのインターネット時代に大変マッチしたしくみだったのでしょう。Web注文を受け付けると、思った以上の反応があったと言います。自社の養豚場から精肉業者に出荷されたみやじ豚をお客様単位で小分けし、宅急便業者の保冷パックで個人宅に届けるというお客様の立場に立ったサービスがマーケットから受け入れられたのでした。その後、品質の良さから個人宅だけではなく、有名レストランや銀座の百貨店などにも出荷されるまでになっています。

出荷方法ですが、相手先に出荷通知を出し、豚肉の高い品質を維持していくために小ロットでの養豚にこだわっていることです。そのため、月出荷は100頭分に限っています。

家族経営ですが、このような考えられたしくみができたことで、事業は伸びており、1年ほど前でしたが、お目にかかったときには、「初めて若い人を社員に迎えることができた」と、勇輔さんも喜んでいました。

ここで「みやじ豚」の成功要因を私なりに少し因数分解してみたいと思います。

①ファミリービジネスの単位である家族と新しい事業の取り組みに当たり、納得するまで議論を行なったこと

勇輔さんは実家に戻った後、父親にD2Cの構想について打ち明けたところ、最初は大反対されたと言います。当時は地域の畜産組合を通して、マーケットに流通するしくみしかなかったからです。『これ、宮治んちの豚なの?』にも書かれているように、自分の家で手塩に育てた豚を直接、ほしい人に届けることは、とてもむずかしかったのです。しかし、生産担当の大輔さん(弟)は、当時、「自分が生産現場を父親とやるから、兄貴は直販の実現に向けてプロデュースに専念してほしい」と、勇輔さんの考えに賛同し、兄の背中を押します。それをきっかけに、急速に直販の道が開かれていったのでした。

②マーケティング費用は、ほとんどかけないこと

創業当時は電話注文、さらに、月に1~2度の農園近くのスペースを借りてのバーベキューで注文を取ることからはじまりました。みやじ豚を食べたいと望む人たちが集まってきたわけですが、それによって、家族経営の強みである「すぐに対応できる」という点で、組織に小回りが利くことと、家族の一体感も活かすことができ、事業の黒字化も早かったという点でしょう。

③数量を追わず、品質にこだわり続ける

パンフレットに、「月100頭の出荷を維持する」と書かれているように、子豚は愛情を持って育てることで品質が保たれていきます。規模の小ささを逆手にとり、希少性をブランド価値とし、経営の戦

略の根幹に据えています。

④若手農業経営者のロールモデルになること

農業や畜産などは、「きつい、きたない、かっこ悪い」の3Kでした。しかし、勇輔さんは第1産業は「かっこ良くて、感動があって、稼げる」産業だと言います。人口減少していく日本では、働き手を確保するために、このビジョンは極めて適切なものとなり、業界でも有名になりました。

⑤環境変化を巧みに利用したという点で先見性があった

インターネット注文を受けることが当たり前になる以前から、通販のしくみを考え、攻めの姿勢で立ち向かった点でしょう。

前述しましたが、私は企業のコンサルタントに入るときは、コーポレートガバナンスの実践についてから話すことにしています。しかし、ファミリービジネスの経営者と向き合うときは、この手順を変えます。

どのように変えるかと言えば、事業の大切な部分——経営者の信念・想いはそのまま大事にしながら——を掘り下げたときに、どうそれらを実現させるのか、考えられる環境をつくることに力を入れています。ファミリービジネスにかかわる人たちとともに深く掘り下げ、長い期間、ともにここを考えていくようにしています。

というのも、この状態を創り出すことで、ガバナンスも正しく行われるようになり、新しいイノベーション（みやじ豚をはじめるときに勇輔さんは、当たり前のことをやるだけだと思ったようですが）の芽を見つけていくことができるからです。そのポイントは、

・本物の良質なアイデアは現場から生まれる。経営者は現場の声を聴く耳を持っているか。アイデアが生まれる環境をつくれているか。良質な評価者を社外に持っているのかを考える。
・良質なアイデアを実現するには、良いチームづくりは欠かせない。そのサポート体制を経営者はつくれているのか、その確認が必要。
・ファミリービジネスは、家族仲の良さが求められる。良いニュースも悪いニュースも、みんなで正面から向き合っているのか。特に、悪いニュースには、速やかに対応しているのかはとても大事。
・経営者は、いつでも、明るく、楽しく、振舞っていることが必要。

苦しいときも、希望を持ち、前向きな気持ちを大切にできれば、周りとの良いご縁ができ、良いアイデアも自然に生まれてくるものです。また、アイデアは、「知恵はもう出ない」という極限状態まで掘り下げられた後に出てきます。こうした状況はすべてファミリービジネスにかかわる人たちが、自分は「世の中で生かされている」と信じられるようになることで、道が拓けてくるものです。

ガバナンスは何か、と言えば、こうしたファミリービジネスにかかわる家族のさまざまな想いを支えるもの、私はこれを宮治勇輔さんから学びました。

若林泰

第3章「アトツギ」はどう家業を引き継ぐのか

（1）出典：Swings　https://bulan.co/swings/hiromine-nakamura/

（2）出典：今右衛門窯ＨＰ　エッセイ「色鍋島と今右衛門の現代（3）」https://www.imaemon.co.jp/ironabeshima/14daiimaemon/essay/000072.html

コーチング　「ワンマン型親父」から「コーチ型親父」へ転身せよ

（3）『コーチ型親父』は、株式会社トップコーチングスタジアムの登録商標です（登録第5288447号）。

（4）『星野佳路と考えるファミリービジネスの教科書（日経ＢＰ）』米国ノースウエスタン大学ケロッグ大学院の教授ジャスティン・クレイグ氏の「4Lフレームワーク」

スモールジャイアンツ　こせがれが「みやじ豚」で新規事業に挑戦

（5）https://forbesjapan.com/small_giants/

第4章

オーナー家なら押さえておきたい経営の基礎

事業の継続に必要な
「ファミリーガバナンス」
とは何か

「ファミリーガバナンス」とは何か

第4章では、ファミリービジネスを考えるうえで欠かせない基礎知識「ファミリーガバナンス」について述べていくことにしましょう。

企業は営利団体として収益を追求する必要がありますが、同時に事業の健全性を考えたときに、ファミリービジネス、非ファミリービジネスに関わらず、コーポレートガバナンスの意識がまず重要になります(1)。くわしくは192ページで説明しますが、コーポレートガバナンスとは、簡単に言うと、

所有者と経営者の企業のコントロールに関する関係

を意味します。多くのファミリービジネスは、直面する事業環境が厳しくなる中で採算性の改善を目指すことが必要であるとともに、コーポレートガバナンスの意識を持った経営が求められるようになっています。一方で、ファミリービジネスオーナーは、これまで事業を支えてきたファミリーの思いに応えて、次世代により良い形で承継したいというプレッシャーを受けながら、ファミリービジネスを経営しています。場合によっては、事業の永続性が期待できないときに、次世代のために事業を承継せずに、事業の売却あるいは廃業という苦しい選択をせざるを得ない場合もあるでしょう。

そこでまずは、厳しい選択に迫られるファミリーオーナーに求められるファミリーガバナンスについて説明することにします。簡単にファミリーガバナンスとは、

「ビジネスにおけるコーポレートガバナンス」と「ファミリーメンバー間」の関係

を意味します。ファミリーガバナンスのくわしい定義は、後述いたしましょう。

ファミリービジネスについては、一般のコーポレートガバナンスとは違う観点で、ガバナンスについてとらえる必要があります。ファミリービジネスでは、「企業の統治」に加えて、「ファミリーの統治」についてもそのしくみを導入していくことが求められるわけです。

つまり、ファミリービジネスでのガバナンスのむずかしさは、「ビジネスに対するコーポレートガバナンス」と、「ファミリーに対するガバナンス」を両立させなくてはいけない点にあります。ファミリーメンバーが複数の役割を兼ねていることによって、ガバナンスを考える場合も、その前提となるコーポレートガバナンスに、ファミリービジネスであるという観点も加えて、企業経営の事業を永続するための本質に迫る必要があるわけです。

多くのファミリービジネスでは、大株主の典型的存在であるファミリーが会社を支配することとなりますが、その投資目的は長期的視点であり、将来の世代を見据えています。言い換えれば、ファミリービジネスでは管理型ガバナンス（株式所有が集中していること。支配権が株式所有と完全に分離していない）のしくみが機能してきたという見方もできます。

極端に言えば、ファミリービジネスにはアメリカ流の市場型ガバナンスは適しておらず、むしろ害を与える側面もあるかもしれません。なお、管理型ガバナンス、市場型ガバナンスについては、195ページでくわしく説明します。

たとえば、ファミリービジネスは、伝統的に社外取締役の導入に抵抗する傾向があります。理由としては、ファミリーとして行なっている事業に対し、他人に指図されたくない、あるいは社内・ファミリーの秘密を外部に知られたくないなどの気持ちが働くことだと考えられます。取締役会は、その性質上、株主利益を守るのが目的となります。ファミリーの権限を侵害するのが本質的な役目ではないのですが、ここが理解されていないとも言えるわけです。スチュワードシップ理論（他人から預かった資産を、責任をもって管理・運用すること）[2]の指摘によれば、ファミリービジネスでは関与する人々の間の関係性が深く、信頼性があるがゆえに、公式のガバナンスおよび管理のしくみは不要になります。しかし、自己を犠牲にして組織と他者に尽くすことが求められるスチュワードシップは、すべてのファミリービジネスで実現されるわけではありません。

それぞれのファミリービジネスが採用するガバナンスシステムによっては、非常に短期的かつ利己的な利益しか眼中にないファミリービジネスが出現する可能性もあります。

ファミリービジネスを成功させるには、ファミリーとの円滑なコミュニケーションの場が確保されていることは不可欠であり、そのしくみとしてのファミリーガバナンスは重要な機能を果たすことは間違いないのです。

言い換えれば、ファミリーガバナンスを成功させるポイントは、ファミリー相互の円滑なコミュニケーションの場が確保されていることであり、そのためのしくみが重要な機能を果たすことになります。このとき取締役会は、経営者から独立しているだけでなく、本来的には同時にファミリーからも独立していないといけません。

すべてのファミリービジネスに適したガバナンス機構は存在しないのです。それぞれのファミリーの事情は異なっており、それぞれのケースにあわせて、適切なガバナンス体制を考える必要性があります。

2015年、大塚家具で何が起こったのか

ここでファミリーガバナンスの重要性を考えるうえで参考になる、2015年に話題となった大塚家具の親子対立の事例を見てみましょう。

大塚家具では企業を大きく成長させた大塚勝久会長（先代社長）と後継者である長女の大塚久美子社長の間で確執が発生しました。もともと久美子社長は、「事業を承継すること」を前提に企業経営に携わっていましたが、実際に事業を承継するとなったときに、先代経営者である勝久氏が久美子氏の経営手法に異を唱えました。それによって双方が解任の動議を出し、株主総会で決着をつけるというプロキシーファイト（委任状合戦）にまで至ってしまったのです。これが、単に経営戦略上の考え方の相違だけでなく、親子だからこそお互いに関係性を切れない、そんな思いが闘争を長期化させることとなったのではないでしょうか。

事業における考え方にたとえ相違があっても、同族・家族内での関係性は継続させていくこと、これこそがファミリーガバナンスのむずかしさなのです。

ここで、創業者が起業したビジネスにおける事業承継の問題とファミリーガバナンスについて考えるために、一般的なファミリービジネスの創業時の成長パターンを考えてみることにします。

ファミリービジネスの創業時の成長パターン

①創業者が自らのビジネスアイデアを活かして起業したビジネスについて、配偶者・近親者の労働お

よび金銭面での助けを借りつつ発展させる。
②ある程度の期間を経て、事業が成長する頃には、次世代も成長し、その参加を得て、事業規模を拡大させていくことになる。
③事業は成長していくが、創業者は老いていく。このとき、次世代が成長することによって、事業を承継する時期が訪れる。
④こうして家督の継承としての事業承継が行われる。

このパターンで見るように、ファミリービジネスでは、事業の成長とともに次世代が成長し、事業を承継することとなるのが通常のパターンです。ただ、ファミリービジネスの事業承継では、事業をひとつの塊と考え、家督を引き継ぐかのように次世代と話ができるうちは、経営・所有とも構造は比較的単純です。

しかし、事業が成功し、拡大を遂げる、あるいは世代の推移ならびに事業の規模が拡大するにつれ、関与するファミリーメンバーの範囲および層が拡大することになると話がむずかしくなります。これについては、第2章の51ページでも説明しました。

たとえば、家庭においても、人口が都市へ流出し、都市住民の核家族化、あるいは地方住民の高齢化などから、家族間の意思疎通は希薄化し、価値観の共有はむずかしくなってきています。創業者の子ども世代から孫世代へと承継が進むにつれて、ファミリー間での関係も少しずつ薄れ「話ができる」ということが、単純に実現しなくなるのです。それぞれのファミリーメンバーの関心事が多様性を帯びることとなります。さらには、事業が順調に拡大を続けていたら、ファミリー以外のステークホルダー（行動に直接・間接的な利害関係を有する者）も増えて、問題はさらにむずかしさを増していくでしょう。

著名なコーポレートガバナンスの定義（モンクス、ミノウ）にあてはめれば、「そのほかの参加者」が拡大してくるのです。日本社会では長子相続という形で、ファミリーの中で、関与する人間を絞り込まれてきました。長子相続制に基づいて長男が事業を承継し、次男以下は分家して家業から離れるという制度です。

創業以来、数百年を経た企業でも、「一子相伝の形でイエが守られ、株主が数名に限られている」ということは、かつての日本ではごく一般的に見られました。その結果、家業は栄え、継続されることとなり、家族が戻る場所としてイエが残ります。財産の散逸を防ぐことができたために、日本企業の長寿企業化につながったとも言えます。

ここで、改めてファミリーガバナンスという言葉の定義について考えることにしましょう。ファミリーガバナンスは、

ビジネスにおけるコーポレートガバナンスとファミリーメンバー間での良好な関係性が構築されている状況を意味します。それとともに、2つのガバナンスが調和するように、その関係性を調整するためのビジネスおよびファミリーがつくる「統治するための各種のしくみ」

も含むと考えます。ファミリービジネスでも企業サイドでは、コーポレートガバナンスのしくみを構築するのですが、それとともにファミリーという株主であり、かつ精神的な支柱となる利害関係者との良好な関係性を構築することが求められます。

この試みが成功すれば、事業の健全な成長発展が支えられ、好業績と長寿性を推進するしくみが企業のなかに内包されることとなります。企業だけでなく家族・ファミリーに対して、一般的に経営の可視化や見える化と言われるように、社外取締役制度の導入などで、目に見える形での「ガバナンスのしくみ」を導入することで、説明責任が明確になり、企業不祥事の防止と企業の収益力の強化につながります。

一方で、適切なガバナンスのしくみがつくり上げられていない状態では、不祥事などの問題が発生すると、ファミリービジネスの経営者はビジネス面での悩みに加えて、ファミリーに対するさまざまな心理的な葛藤が生じ、対応が遅れることになりかねません。

そうならないためにも、ファミリービジネスでは、事前にガバナンスのしくみを構築し、事業に従事する人にもファミリーにも、その意識を確立しておくことが重要です。良好な関係が築かれているファミリービジネスでは、ファミリーメンバー間における緊密な社会的相互作用が起きることで、非公式かつ自己強化的なガバナンスのしくみをつくり上げることができます。

それは、ビジネスもファミリーもオーナー一族の長期的な利益に直結するものであることを認識し、利害を共有する者同士で守るべきガバナンスのしくみを必要とするということです(3)。こうしたしくみができれば、コーポレートガバナンスでは、株主（依頼人）と経営者（代理人）の間の利害対立を取り扱うエージェンシー理論(4)に基づく枠組みが、ファミリービジネスにおいてもファミリーとビジネスの間で成立させることが可能になると言えるでしょう。

昨今では社外取締役は、上場企業のみならず、非上場企業でも求められています。中でもファミリー企業については、その必要性は増している状況です。

では具体的に、ファミリーガバナンスを実現するためのしくみについて考えてみましょう。最初に取り組むことは、ファミリーおよびファミリー関係者が価値観を共有し、現在、発生している問題を認識することです。そして、意思決定に向けて協働できる統治システムをつくり上げます。

ファミリーメンバー間で良好な関係を保っているファミリービジネスでは、ファミリーメンバー間における緊密な社会的相互作用を通じて、自然に非公式かつ自己強化的なガバナンスのしくみを構築することができます。

必ずしも良好な関係ではないファミリーはこの機会に、ガバナンスのしくみについて具体的に考えてみてください。そして、その関係をインフォーマルなものにとどめるのではなく、ファミリーの中で開催される会議・集会（オフィシャルな形で開催される会議のほか、法事など家族の行事の際に親族の集まりが開催されることからはじまることもあるでしょう）などの諸機構を含めた会議体として構成されていきます。

もちろん、そのファミリービジネスの事業の規模、関係者の数によって取り組みは異なりますが、家族・同族による会議体・しくみをしっかりつくっておけば、コーポレートガバナンスにおける取締役会と並列して存在する重要な役割を果たすことになるのです[5]。図表4-1は、そのイメージがつかみやすいと思います。

また、家憲を定めているファミリーもあります。家憲とは、ファミリーの合意事項を文書として明示するもので、日本では家訓などの形で残されているものもあります。

欧米ではクレド（Credo）と呼ばれ、戦略計画など多様な内容のほか、一族が重視する価値観やファミリーの決まりごと、ファミリービジネスのガバナンスならびにファミリーとビジネスの関係をどのよ

図表4－1

企業形態のファミリービジネスにおけるガバナンス

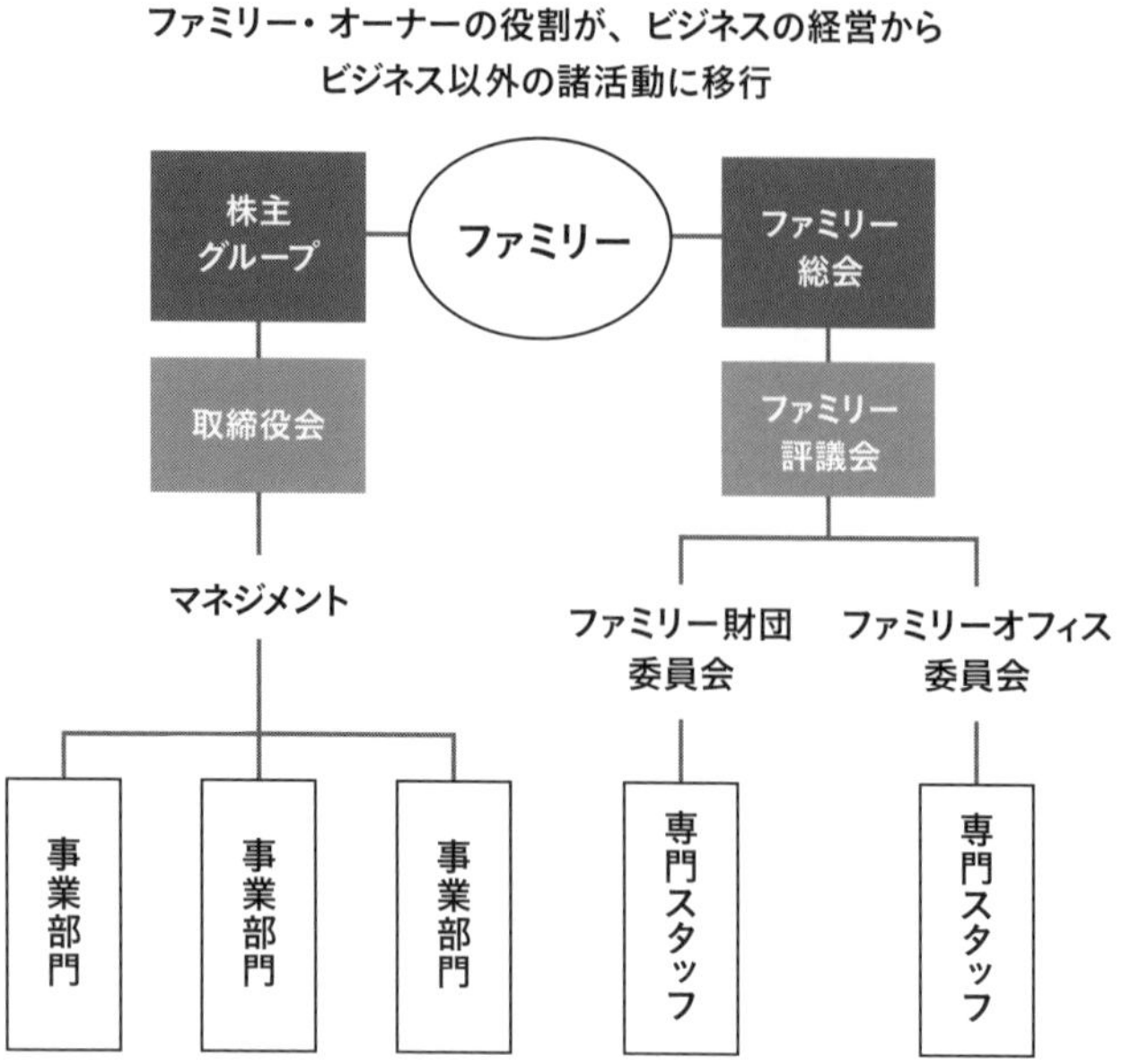

出典：ランデル　カーロック、ジョン ワード（著）　階戸照雄（訳）（2015）『ファミリービジネス最良の法則』（ファーストプレス）293頁

うに決めるか、あるいは、ファミリーにおいて開催されるそれぞれの会議のメンバーや、責任者、討議事項などをはじめとして多様な内容が含まれています[6]。

欧米企業ではファミリーガバナンスを制度的に整備することで実現するという発想に対し、そもそも日本人の心の中にある「お天道様が見ている」と言った良心に基づき、欧米的なガバナンス制度がなくても、道義的な責任感から自らの企業組織やステークホルダーを害するような行動をとらないという精神的なフレームワークがあったという考えもあります[7]。

これまで日本人は「恥の文化」と言われるように、自ら悪評がつくような行動をとるようなことは、あまり見られませんでした[8]。また、日本企業では「イエの論理」の下、会社全体がひとつの家族として一体感のある「規律」ある経営が行われていたと言われています[9]。企業経営において信頼は、非常に重要な内部資源ですが、一旦失われると回復することがむずかしいものです。ファミリービジネスのオーナーは、長寿のファミリービジネスが多いという環境のもと、企業の信用とともに「イエ」の信用が傷つく影響が大きく、中長期的な視点で経営を行なってきました。日本企業のガバナンスは、制度による規律よりも日本社会の中で、あるいは企業風土の中にある精神的な規律・行動規範によって、自然に身についていたと考えられるのです。

ファミリービジネスでは、企業の活動に最も影響を与えるのは、ファミリーメンバー間における暗黙の社会的な結びつきでしょう。新たな事業への参入など、重要な意思決定が必要とされるときに、ファミリービジネスの株主は、家族のための価値創造にどの程度の資源を使用すべきかと考えることになるのですが、その際には、先祖代々伝えられてきた家訓などに示された伝統、相互の関係性、忠誠心および利他主義などを判断根拠として最終的な判断を決定すると言われます。

ファミリービジネスは、ファミリーメンバー間における緊密な社会的相互作用を通じて、非公式かつ自己強化的なガバナンスのしくみを構築することができ、それがガバナンスのカギとなります。ビジネスもファミリーも、ともに会社を所有するオーナー一族だからこそ、その長期的な利益を守るガバナンスが必要であり、それが機能するのです。

ところが、最近のファミリーの事例を見ると、企業が成長し、関係するファミリーが増大するにつれて、これまで自然発生的に行われていた相互作用の機会が減少しています。そう考えると、日本のファミリービジネスにかかわるコーポレートガバナンス、ファミリーガバナンスについて考えるに当たっては、日本人の特性、日本企業の特性を勘案したうえで見る必要があるでしょう[10]。

ただし、いま改めてその制度設計を必要としているのは、先に見たように、その日本人的な心が失われてきているのではないか、ということを懸念する声が上がっているからです。ファミリービジネスを遅れた企業形態であるという立場に立てば、ファミリーあるいは他の株主が誰にも邪魔されないほど強力な支配を一度確立すると、その権力を悪用して企業の内部資源（ヒト、モノ、カネ、情報）をビジネスから持ち出してしまうという事態に陥ることを想定して、制度設計されることとなります。

個人あるいは同族による企業支配は、腐敗につながるという考え方です。確かに、ファミリービジネスに対する批判として、経営者の在任期間が長期化しやすく、ファミリーに対して法外な配当が支払われる傾向が強いことや不祥事（食品偽装取引など）をオーナー一族が行なった場合に抑制できないこと、あるいは既存の事業に安住し、新製品が少ないこと、新技術に対する投資が少ないこと、従業員からファミリーに対する富の再配分が行われがちであることなどが挙げられ、これらを見るとガバナンスが効いていないと認めざるを得ません。

また、欠陥あるトップが不良経営を継続している限り成長はありえず、倒産への道を自ら走ることにもなりかねません。江戸時代に行われていた「主君押込め」と同様、現代のファミリービジネスでも親族会議などの影響力を、トップを更迭させることができるレベルまで高める必要があるという主張はこうした背景から生まれています。

企業に必要な「コーポレートガバナンス」

ここからはコーポレートガバナンスについて、考えてみることにしましょう。コーポレートガバナンスとは、「企業統治」と訳されることが一般的ですが、ファミリーガバナンスとの比較で言えば、ファミリーガバナンスも内包した上位概念の位置づけにあります。

すべての企業は公開企業であろうとなかろうと、ファミリー企業であろうとなかろうと、コーポレートガバナンスが必要になります。その中にあってファミリー企業はファミリーガバナンスが必要になるのです。

では、コーポレートガバナンスとはどのような概念でしょうか。その定義については、経営面からのアプローチのほか、企業倫理などに基づいたアプローチなど立場の違い、あるいは国によって社会的背景の違いもあるため、国際的に統一的な定義は定められていません。たとえば、株主至上主義の観点に立ったアメリカ型コーポレートガバナンスの一般的な定義は、「所有者と経営者の企業のコントロールに関する関係」となります。

また、この分野の世界的権威とされるモンクス（Monks, R.A.）とミノウ（Minow, N）は、

企業の方向性と活動内容を決定する際のさまざまな参加者の関係

であるとし、その主な参加者が「株主、経営陣、取締役会」であり、他の参加者として「従業員、顧客、債権者、供給業者、地域社会」が挙げられるとしています[11]。

この考えは、どちらかと言えば広義の定義として位置づけることができるでしょう。日本国内におけるコーポレートガバナンスの定義としては、２０１８年６月に東京証券取引所が公表したコーポレートガバナンス・コード（上場企業の行動規範を示した企業統治の指針。２０１８年６月版）の冒頭で「会社が、株主をはじめ顧客・従業員・地域社会などの立場を踏まえたうえで、透明・公正かつ迅速・果断な意思

決定を行うためのしくみ」を意味するものだというものが挙げられています[12]。これらの定義を見ると、コーポレートガバナンスとは、社内における経営管理のしくみに着目するだけでなく、外部の利害関係者との良好な関係を築くことも求められているものだと言えるでしょう。

なお、コーポレートガバナンスと類似した概念として、CSR（Corporate Social Responsibility／企業の社会的責任）がありますが、これはコーポレートガバナンスに関係する多様なステークホルダーのうち、より外部、なかんずく社会との関係を重視したものだと言えます[13]。

生産性が海外に比べて低水準の日本企業

ここで日本においてコーポレートガバナンスの変革が進められていることの背景を考えてみることにしましょう。

近年の日本企業の生産性並びに利益率は海外企業と比較して低水準に留まっています。経済が成長するためには、企業の新陳代謝が必要ですが、現在の日本では必ずしもうまくいっていません。中小企業の中には安定的な収益を上げることができず、金融機関からの借入金の返済および利払いができないまま存続している「ゾンビ企業」と呼ばれるような企業も出現しています[14]。

既存の企業あるいは事業の利益率が低いのに新陳代謝を促す声が高まらず、いつまでも古い体質のまま居残っている理由として、日本企業の組織運営の問題が指摘されています。従来、日本企業に対しては、市場からの監視のしくみがなくても、メインバンクや企業グループ内での監視によって、相応のチェック機能はあったと考えられていました。

しかし、1990年代以降、銀行の貸し渋りが起こったり、持合株式の解消が行われたりした結果、銀行と企業の関係は変質しています。また、企業の合併・再編が進み、企業グループのけん制機能も果たされなくなってきたと言われています。

こうした環境の変化とともに、いくつかの企業不祥事が見られるに至り、企業統治の欠如が企業運営に多大な損失を与える原因でもあるとの問題認識から、コーポレートガバナンスの改革が進められることとなっていったのです。

論点が異なる「市場型ガバナンス」と「管理型ガバナンス」

コーポレートガバナンスの方法としては、アメリカやイギリスで見られる証券市場を通じて行われる「市場型ガバナンス」と、イギリスを除くヨーロッパ諸国やアジア地域のように、トップマネジメント組織を通じて行われる「管理型ガバナンス」の2種類のモデルが存在します。

市場型ガバナンスは、資本市場が確立しており、株主が広範に分散している国で見られ、一方、管理型ガバナンスは株式所有が集中し、支配権が株式所有と完全に分離していない国々で見られるスタイルと言えます。

①市場型ガバナンス制度

このアプローチは、「企業は株主の資産の運用代理人（エージェント）である」という発想に基づく運営、いわゆる「エージェントモデル」と呼ばれるやり方でコーポレートガバナンスを機能させています。

重要なのは、取締役会の役割です。取締役会によるチェックが重要な役割を占め、多くの場合は社外取締役と協働しています。取締役会の主な機能には、監視（管理）と並んで支援と助言があり、取締役

図表4－2

統治に関する重要項目の国際比較（アメリカとイギリス）①

取締役の特徴	会長職が最高経営責任者から分離し、CEO（最高経営責任者）を監視。会長とCEOは、指名委員会が指名。
株主総会の特徴	開催日分散、個人投資家多数参加。機関投資家の議決権行使は定着。
取締役の特徴	会長とCEOの兼務が多く、権限が1人に集中する傾向。会長とCEOは指名委員会が指名、杜外取締役の独立性を強化、監査・報酬委員会は社外取締役だけで構成。
株主総会の特徴	開催日分散、個人投資家が多数参加、機関投資家の議決権行使は定着。

出典：階戸照雄（2003）「仏企業の企業統治ー日本企業への示唆に係る一考察」『朝日大学経営論集』、第18第1号、21-37頁に基づき、筆者作成

会が上手く機能するように、社外取締役などの制度も整備されているのです。

取締役会には、健全な経営判断と常識的な見地からの助言が求められるのですが、そのためにもそれぞれの分野で成功を収めた人々を社外取締役に迎えます。取締役の最も重要な要件は、社内の利害関係からの独立性の維持であり、自己利益あるいは利害対立に干渉されない態度が求められます。そのためには、業務を遂行する経営者から独立していなくてはいけません。

独立した社外取締役には、専門知識と経験から戦略に関する議論の質的向上に資することが期待されています。社内の序列などとは関係なく社長に具申し、会社の不祥事を摘発し、解決することが求められます。

取締役会を上手に運営していくためには、社外取締役に対し、取締役会への出席に先立ち、事前準備に一定の時間を費やす意志も重要です。また、第三者的な位置づけをより強く示すために委員会設置会

図表4－3

統治に関する重要項目の国際比較（ドイツとフランス）②

取締役の特徴	一層型の統治形態が大半。会長と最高経営責任者（CEO）の兼務により、権限が1人に集中する傾向。 二層型（取締役会と監査役会）の形態もあり。
株主総会の特徴	開催日分散、個人投資家の参加はアメリカ、イギリスほどではない。 機関投資家の議決権行使は定着。
取締役の特徴	労使双方から成る監査役会が、取締役会を監視。 監査役会のトップが「会長」、取締役会のトップが「社長」。
株主総会の特徴	開催日分散、長時間討論に特徴。機関投資家の議決権行使が増える傾向。

出典：階戸照雄（2003）「仏企業の企業統治―日本企業への示唆にかかる一考察」『朝日大学経営論集』、第18第1号、21-37頁に基づき、筆者作成

社などのしくみも活用されます。

②管理型ガバナンス制度

イギリスを除くヨーロッパでは、株主総会が重要という発想があります。ドイツでは、株主が意見を言える制度が整備されています。

一方で、株式は相互に持ち合うと、株主総会のときに「お互いに口出しするのはやめよう」ということになるため、ドイツでは、株式の相互持ち合いが禁止されています。

株主総会を重視しつつ、取締役会あるいは監査役会が監視するという体制をとりつつも、会長あるいはＣＥＯ（最高経営責任者）が強い権限を持つしくみができあがっています。

③日本のコーポレートガバナンス改革の方向性

それでは、日本のコーポレートガバナンスは、取締役会重視の市場型ガバナンス（アメリカ）と株主総会重視の管理型ガバナンス（ドイツ）という２つ

の潮流から見ると、どちらに属するのでしょうか。

従来の日本市場では、形式的には株主総会を重視する管理型ガバナンスの立場でしたが、その一方で、企業系列の存在により株式の相互持ち合いの傾向が強いため、「モノ言えない株主」が多く、株主総会が形骸化することとなったのです。

その結果として、取締役会も株主総会も十分に機能しているとは言えない状態に陥ってしまいました。コーポレートガバナンスのタガが緩み、日本企業の不祥事・業績悪化が社会の関心を呼ぶようになったと考えられるのです。

その状況が、グローバル競争の中での日本企業の競争力低下、海外からの投資資金に対する魅力の低下につながるという恐れから、経営の分野だけではなく、法学、政治経済、企業倫理の観点など幅広い研究者、あるいは実務者の中から企業のガバナンスに関して意見が挙げられるようになってきたのです。このような経緯を経て、いまのコーポレートガバナンス改革は、「市場型ガバナンス」の制度づくりとして取り組まれています。

現在のコーポレートガバナンス改革につながる主要な動きとして、1993年に監査役制度の改正、株主代表訴訟制度の改正が行われました。その後、2001年末および2002年5月の商法改正により、従来型の企業統治（監査役強化型）とアメリカ型企業統治（委員会等設置会社）の選択導入が可能となりました。この2回の商法改正は、日本のコーポレートガバナンスの歴史で、戦後もっと重要な改正のひとつと言えるでしょう。

次に、2005年に会社法が制定・公布（2006年5月施行）されました。そこでは、

①すべての大会社に対し、内部統制システムの一環である業務の適正を確保するための体制構築の基本方針を決定することを義務づける。
②株主総会における取締役の解任決議要件を特別決議から普通決議に緩和する。
③主に中小企業で利用されることを想定した会計参与制度の新設。

などコーポレートガバナンス確保のための措置が講じられました。

こうした一連のコーポレートガバナンス見直しの動きに対し、2013年の日本再興戦略会議で、日本経済の競争力衰退の大きな要因にガバナンス制度の未整備があるとの指摘がされることによって、現在に続くガバナンス改革がはじまることとなります。

④社外取締役は義務化への大きなうねり

企業統治のゆるみによって失われた日本企業の競争力を回復させ、企業経営が独善的にならないように、社外取締役制度の活用などを義務づけるような動きも出てきました。

2014年6月の「改正会社法」では、社外取締役は義務化されませんでしたが、導入しない場合には、その理由を株主総会で明らかにしなくてはならないこととされたため、導入比率は急速に上昇することとなりました。

社外取締役の役割は、「法律順守の監視」に留まらず「投資家が求めるリターンを意識した経営を促す役割」も担うこととなり、海外の投資資金が流入しやすい環境も整いました。改正会社法の成立以降、日本市場の変化は加速しています。

図表4ー4

統治に関する重要項目の国際比較（日本）

取締役の特徴	会長・社長が後継者を指名する企業が大半、社内出身の監査役が多い。 2003年4月から「委員会等設置会社」の選択が可能となり、アメリカ型の統治形態を採用する企業が増える。
株主総会の特徴	開催日が集中し、形式的な総会が多かったが、変化の兆しがあり、一部の機関投資家は、積極的に議決権を行使する「モノ言う」株主となっている。

出典：階戸照雄（2003）「仏企業の企業統治―日本企業への示唆にかかる一考察」『朝日大学経営論集』、第18第1号、21-37頁に基づき、筆者作成

2015年5月1日より会社法の改正が施行された後、2015年6月1日には東京証券取引所で上場規則として、「コーポレートガバナンス・コード（企業統治指針）」が規範化され、「コーポレートガバナンス改革元年」を表す象徴的なできごとと言えるでしょう。

2019年10月には、政府閣議において上場企業などに社外取締役の設置を義務づける会社法改正案を決定し、企業が社内の利害関係にとらわれず、第三者の視点で経営をチェックできる体制を整備する方向に、さらに進んでいくこととなりました。改正案には「上場会社は、社外取締役を置かなければならない」と明記されており、

①監査役会を置き、株式の譲渡制限がない。
②資本金が5億円以上または負債総額200億円以上の大会社。
③有価証券報告書の提出義務がある。

という3つの条件を満たす企業が対象となります。2015年のコーポレートガバナンス・コード適用以降、東証上場企業の9割以上に社外取締役が置かれ、法案は実態を追認する形になって

います。

⑤株主に向けた説明責任が重要に

海外資金による日本株式の保有比率が高まる中で、海外投資家の日本の投資先企業への監視が強化されることとなりました。欧米の有力年金基金や保険会社で構成する団体「インターナショナル・コーポレートガバナンス・ネットワーク（ＩＣＧＮ）」が、日本企業に対し、欧米並みの企業統治を求めるようになりました。海外投資家からのプレッシャーだけではなく、国内の機関投資家の目も一段と厳しくなってきました。

２０１４年にスチュワードシップ・コードが導入され、投資家の役割にも着目されることとなります。金融庁の有識者検討会が公表した日本版スチュワードシップ・コードでは、機関投資家は「投資先の取締役会に対し、企業価値極大化の責務があることを認識させる役割を担うもの」と位置づけられました。厚生労働省の専門委員会が年金積立金管理運用独立行政法人（ＧＰＩＦ）に、スチュワードシップ・コードの導入を求めたことから、他の運用会社も導入に向けた動きが進みました。

外国人だけでなく国内機関投資家も、企業価値向上に対する意思を示す機会が増えるとともに、これまで以上に存在感ある積極的な運用スタンスに変わります。日本の株式市場では、従来の安定株主構造から機関投資家が重要な株主となり、機関投資家にとっても「モノ言う株主」となることで、国内外から求められる説明責任を果たす必要が高まっているのです。

⑥コーポレートガバナンス改革の成果と注意すべきこと

２０１８年3月に、取締役会などで徹底議論すべきポイントとその機能強化の改善を狙った「コーポレートガバナンス・コード２０１８改訂版」が発表され、6月には「コーポレートガバナンス・コード２０１８年6月版」として修正されました。２０１８年6月版で強調されたのは、

・政策保有株式（所謂持合い株）の縮減。
・ＥＳＧ（環境・社会・ガバナンス）要素など非財務情報の開示。
・ＣＥＯなどの後継計画に主体的関与。
・経営陣の報酬客観性・透明性ある手続き、報酬制度の設計をする。
・ジェンダーや国際性の面を含む多様性を持った取締役会・監査役会を組成すること。

です。この一連の取り組みにより、日本のコーポレートガバナンス改革は大きく進行しました。このように金融庁・東京証券取引所などが中心になり、コーポレートガバナンス改革が進められています。日本市場でも多くの制度が整備され、日本企業のコーポレートガバナンスに関する意識は高まってきました。

こうした一連の動きは、日本市場を本格的に変えていくことになるでしょう。東京証券取引所としても、海外の投資家が安心して投資できるように欧米市場と比較して遜色のない基準を示し、効率的な市場であることを示すことが求められます。海外投資家の資金を東京市場に引きつけるため、ロンドン証券取引所の厳しい遵守規定を意識して、グローバルスタンダードに向けて、着実な一歩を歩みはじめているのです。

現在のコーポレートガバナンス改革の方向性は、アメリカ的な経営スタイルで進んでいると言われていますが、その改革の方向性について、違和感を覚えている経営者も少なくありません。日本には、日本流のガバナンスの方法があるというわけです。

従来の管理型ガバナンスに問題点が見えてきたと言っても、日本企業が取り組んできた企業に対する経営者の思い（良心）に基づく経営の良さを見失ってはいけないという主張もあります[15]。そもそも、コーポレートガバナンスは、各国の文化、法体系や財務的背景が関与するものであり、組織内のしくみと外部との関係性を考えるという企業の存在自体にかかわる問題を含んでいるということを忘れてはいけません。ですから、海外の国々で使われているからと言って、安易に画一的に形態を論じることはできないのです。ここは押さえておきたいポイントでしょう。

オーナーシップ
ファミリーとビジネスに役立つファミリーガバナンスをつくる[16]

ファミリービジネスの事業承継でオーナーシップと言えば、事業会社や資産管理会社の株式が想定されます。それ以外にも、オーナー個人が保有する資産（本社、主力工場の土地建物、主力商品の特許など）や多くの非上場企業でみられる金融機関への個人保証も、事業の継続に不可欠な場合は、事業承継の枠組の中で承継されなければなりません。[17]私はそれら全てを含めて、オーナーシップと考えます。

このオーナーシップの承継にまつわるテーマとして、「いつ」「誰に」「何を」「どうやって」承継していくのか、その計画（オーナーシップ承継計画）づくりは重要です。最近は、事業承継と銘打ちながら、オーナーシップ承継計画の一部にすぎない相続対策やM&A中心のセミナーや書籍の広告も新聞や雑誌で頻繁に見かけるようになりました。それだけこの分野をビジネスチャンスとしてとらえる専門家が増えているのだと思います。

しかし、私がより重要だと考えるポイントがあります。オーナーシップ承継計画が、ファミリーとビジネスを運営していく上でファミリーが合意したルール体系（私はこれを「ファミリーガバナンス」[18]と呼びます）の中で、きちんと位置付けられているかを見ることです。

ファミリーガバナンスは5つの柱で構成

ある非上場ファミリービジネスを想定して考えてみたいと思います。[19]このファミリーは、現経営者夫妻と3人の子どもがいました。現役世代としては、次世代にバトンタッチした後も、3人の子どもに協力し合ってビジネスを盛り上げていって欲しいと考えていました。それもあり、事業が順調に成長していく中で、株式の評価額が低い間に次世代に早めに株式を移動すると決め、現経営者が1%、子どもたちがそれぞれ33%ずつを保有する形も作りました。また、会社法の規定を利用して、議決権は現経営者のみが保有することにしました。3人の子どもたちは大学卒業後、それぞれ別の会社で社会人経験を積んだ後に、ファミリービジネスに参加し、現経営者夫妻にとっては、理想的な展開でした。

しかし、そこで終わらない話を見聞きします。例えば、ファミリービジネスを巡る経営環境が変化し、本業の構造改革や新規事業の立ち上げといった課題に向き合う中で、現世代と次世代の間、そして次世代同士の間に意見の相違が生じます。

全ての最終決定権は現経営者にあるのですが、納得がいかない判断ばかりをしていると感じた子ども(仮に2番目とします)が、自らファミリービジネスを退社することも起こりえます[20]。こうなると、退社した子どもが中心となって進めてきた業務をどうするのか、残り2人のどちらか(あるいは両方)も離脱するのではないかなど、さまざまな課題が一気に表面化し、非ファミリーの利害関係者にも動揺が広がります。オーナーシップという観点からは、2番目の子どもが保有している株式の行方も気になるところです。

では、このケースでは、何が足りなかったのでしょうか。

私の経験上、このような事態は、ファミリーメンバーが合意したファミリーガバナンスによって、ある程度防止することができます。私は、ファミリーガバナンスは、「ファミリーの価値観・理念・行動指針」「ビジネスとファミリーの関係に関する指針」「ファミリー内の役割分担と意思決定の指針」「オーナーシップ戦略」および「次世代育成戦略」の5つの柱で構成されると考えています[21]。

それぞれの中身はファミリー毎に異なりますが、ファミリーメンバーが話し合いにより当初の意見の相違を建設的に解消するために、5つの柱について合意の形成に成功した経験が、後々重要になります。先ほどの例で言えば、退社時の株式の取り扱いが決まっていれば、その履行を求めることができたでしょう。そもそも2番目の子どもが抱いた違和感を、手遅れにならない段階でファミリーメンバー5名全員で話し合うこともできたはずです。そうすれば、お互いの関係が修復不可能になる前に解消することができたかもしれません。

ファミリーメンバー全員の話し合いの場は「ファミリーミーティング」と呼ばれ、定期的に開催することが大事です。ファミリーオフィス[22]が事務局となることが合意されていれば、気がついたら1年以上、全員が顔を合わせる場がなかったという事態にはなりにくいと言えます。

また、ファミリーガバナンスの中で、オーナーシップの承継について考える上での指針を定めているのが「オーナーシップ戦略」です。オーナーシップを保有できるファミリーメンバーの条件、保有の方法（資産管理会社や信託を使うなど）、条件を満たさない（あるいは自らの事情により現金化を希望する）メンバーが出た場合のオーナーシップの取り扱い、株主総会における議決権行使などのルールの集まりです。全てのルールをファミリー憲章として一つの文書の章とすることもありますし、ルール毎に別文書とすることもあります。

ファミリービジネスの経営者が全てのオーナーシップを承継している方法もあるでしょうし、配偶者も含めてほとんどのメンバーが資産管理会社の株式を保有する仕組にすることもできるでしょう。どちらが正解ということではありません。私の経験上、申し上げられることは第1に、ファミリーメンバーが「これが自分たちのやり方だ」と納得していることが重要であること、第2に、オーナーシップを複数名で分散して保有しながら、ファミリーガバナンスがないと争いが深刻化しやすいということです。オーナーシップ戦略を含むファミリーガバナンスの仕組作りが、ファミリーメンバーやファミリービジネス内だけでできれば良いのですが、そういう場合ばかりではありません。

その際には、例えばファミリービジネスアドバイザーのような、外部の力を借りることになります。現状、日本でファミリービジネスアドバイザー業務を展開しているのは、一部のプライベートバンク、弁護士、税理士、あるいは独立コンサルタントです。

次にファミリービジネスアドバイザー選択のポイントを私なりにまとめてみましたが、ファミリーの事情に合わせて優先順位や項目の加除を行なって使用するようにします。このときに大事なことは、ファミリービジネスアドバイザーは、ファミリーメンバー、その他の利害関係者にとって信頼できるアドバイザーでなければならないという点でしょう。

ファミリービジネスアドバイザー選択のポイント

- ファミリービジネス全般を適切に理解しているか。
- クライアントであるファミリーやファミリービジネスに高い関心を持っているか。
- ファミリーメンバー（現役および次世代）や利害関係者（非ファミリーの経営幹部、ファミリーオフィサー）と良い関係性をつくれそうか（相性が良いか、価値観が共有できそうか）。
- 倫理的にも知的にも誠実か。
- 信頼できるルート（親しい知人の紹介など）でコンタクトしたか。悪い評判はないか。

・ファミリーが必要としているサービス内容について実績はあるか。
・ファミリーの利益に沿ったアドバイスができるか（自分に利益のある商品の話ばかりしていないか）。
・報酬額や支払方法はサービス内容に鑑みて、かつファミリーにとってリーズナブルか。
・他の専門家とのチーム作業ができるか。

「ファミリー」と「ファミリービジネスアドバイザー」との上手な付き合い方

ファミリービジネスアドバイザーを選んで、契約すれば終わりではないのです。きちんと機能するファミリーガバナンスが設定・運営され、事業承継やファミリーの世代交代が成功裏に完了し、双方が合意したマイルストーンの達成を確認し、報酬を支払うという一連のプロセスが終わるまで、付き合いは続きます。そのためにも次の4点を意識して、ファミリービジネスアドバイザーを使いこなしてもらいたいと思います。

①決定権はファミリーにあることを明確にします。経験豊富なファミリービジネスアドバイザーは頼もしいのですが、一方で過去の成功体験をもとに特定のやり方を押しつけているようなこともあります。ファミリーガバナンスは、ファミリーメンバー間の意見の相違を話し合いにより建設的に解決する仕組です。他のファミリーで成功したからというだけでは不十分で、ファミリー内の納得感が重要です。ですから、たとえ外部から見て合理的ではないと言われても、ファミリーの価値観にもとづいて、ファ

ミリーが決定していかなければなりません。

②計画策定・実行に携わるファミリーメンバーを選定しておきます。ファミリーの決定権を担保するには、ファミリーメンバーの誰かがアドバイザーをはじめとする専門家の窓口になることが望ましいのです。また、ファミリービジネスアドバイザーの選択においても推薦権を持つメンバーがいないと、決めるまでの時間がかかりすぎてしまうことがあります。

ファミリーメンバーに適任者がいなければ、非ファミリーのファミリーオフィサー[22]やファミリービジネスの幹部に委ねることもあるでしょう。ファミリーガバナンスは、規定通り運営され、かつ環境の変化や世代交代に応じて修正を加えていくこともむずかしいテーマです。アドバイザーがいなければ運営できない仕組ではなく、ファミリーメンバーを中心とした内部者だけで運営できることが理想です。事務局となるファミリーメンバーがいれば、ファミリー内の役割分担という意味でも重要です。

③健全な緊張関係を保ちます。どのような成果が期待されているのか、それに至る過程のマイルストーンは何か、そしてスケジュールについて合意し、定期的に進捗をチェックします。ファミリーの期待通りでなければ率直に伝え、お互いの改善点を確認して次に何をするべきかを決め、その通り実行されたかをチェックしなければなりません。窓口になっているファミリーメンバーとのなれ合い状態も、防げるような進捗チェックの仕方を考えたいものです。

④ひとりのアドバイザーに全面的に頼らないようにします。事業承継に関する法令や規則に随時変更が加えられ、ファミリービジネスに関する研究が日々進化している状況を考えると、ひとりのアドバイザーがすべてをカバーすることは不可能です。複数の専門家によるチームを組織するか、少なくともセカンドオピニオンを依頼する先を確保しておくことで、落とし穴に陥るリスクを軽減できます。

図表4－5

株式の承継方法

	資産の削減	評価引き下げ	納税資金調達	ファミリーの経営権
贈与	◎	×	×	◎
従業員持株会	◎	○	×	△
財団法人	◎	×	×	△
資産管理会社	×	○	△	○
金庫株	△	×	◎	△
事業承継税制	◎	×	◎	◎
企業組織再編	×	△	×	○
事業承継型MBO	○	×	○	△

◎ 大きく影響がある　○ 影響がある　△ やや影響がある　× 影響はない

出所：阿部眞史・落合康裕「ファミリービジネスの資本政策」後藤敏夫監修（2015）『ファミリービジネス白書2015年版』同文館

また、ファミリービジネスアドバイザー個人が不慮の事故で行為判断能力を失う（最悪は死亡する）リスクは避けられません。その場合にどうするかも考えておくことにこしたことはありません。

冒頭に申し上げた通りオーナーシップ承継計画は、「いつ」「誰に」「何を」「どうやって」承継させるかを書き込んだもので、事業承継計画の一部にもなります。特に関心が高い株式の承継方法（資本政策）についてまとめたのが図表4－5です。紙幅の関係で個々の手法については、参考文献で別途確認するとして、[23]最後にその留意点を確認しておきたいと思います。

①資本政策の不可逆性です。いったん株式を移動した場合、それを元に戻すことは困難です。例えば、民法上渡した側の都合だけで贈与を取り消すことは、困難であると認識しておかなければなりません。

②資本政策の選択と点検の必要性です。ファミリーの事情や法令により、実行可能な手法を選択する必要がありますし、それらに変更が生じた場合には見直ししなければなりません。
③資本政策実行後のコーポレート・ガバナンスを意識することです。ファミリービジネスの良さである経営者の果敢な経営判断と、世代交代や事業の成長により増える利害関係者への配慮のバランスを考えていかなければなりません。

阿部眞史

（１）第４章の内容は『ファミリーガバナンス――スムーズな事業承継を実現するために――』（２０２０）階戸照雄、加藤孝治編著、中央経済社を参考にして述べていきます。

（２）スチュワードシップ理論では、性善説的に人は成長や達成の欲求を持ち自己実現する存在としてとらえ、さまざまな契約関係において、自分の利益よりも組織や社会の利益につながる行動を選択し、組織や社会の目的を達成するために最大限努力することとなるのです。ファミリービジネスでは、経営者をはじめ関係者が、企業をよくするために積極的に行動すると考えられるため、その行動を縛るようなガバナンスのルールは必ずしも必要とされないと考えられます。

（３）Ivan Lansberg（１９９９）“Succeeding Generations: Realizing the Dream of Families in Business” Harvard Business Review Press.

（４）エージェンシー理論では、人間はすべての情報を入手できず、判断も必ずしも公平ではなく（限定合理的）、利己的に行動するものと考えます。その前提に立つと依頼人（プリンシパル）が権限を委譲する相手であるエージェント（代理人）との間で結ばれる契約関係というものは、プリンシパルにとって、エージェントが勝手な行動（機会主義的行動）をとらないように抑制・拘束するために必要なものだと考えられます。こうした一連の活動の結果、生じる資源の非効率な配分や利用の問題がエージェンシー問題と呼ばれるものです。ファミリービジネスをエージェンシー理論で説明するという考えは多くの先行研究（Lansberg（１９９９）のほか、Neubauer & Lank（１９９８）、Gersick et al（１９９７）など）の指摘と整合しています。

Neubauer, Fred. Lank, Alden G.,（１９９８）“The Family Business Its Governance for Sustainability” Routledge.

（５）ファミリーガバナンスにかかるしくみのうち、ファミリーミーティングは一族関係者の「日常的会合（ファミリー集会）」を指し、ファミリー・アセンブリーはファミリーの「年次総会」、ファミリーカウンシル（ファミリー評議会）は「諸会議・会合を円滑に準備・運営するための事務局」を指します。

（６）Neubauer, Fred. Lank, Alden G.,（１９９８）“The Family Business Its Governance for Sustainability” Routledge. Ward, J.L.（１９８７）“Keeping the Family Business Healthy: How to Plan for Continuous

Growth, Profitability, and Family Leadership". Jossey-Bass

(7) 田中一弘（2014）『「良心」から企業統治を考える』東洋経済新報社

(8) ベネディクトの『菊と刀』で、欧米ではキリスト教精神を背景にした「罪の文化」で個人行動が律せられるのに対し、日本では「恥の文化」に基づいて自ら行いを慎むことになるということを示している。ルース・ベネディクト、長谷川松治（訳）（2005）『菊と刀（講談社学術文庫）』講談社

(9) 日本企業における「イエの論理」による経営については以下の書籍がくわしい。村上泰亮、公文俊平、佐藤誠三郎（1979）『文明としてのイエ社会』中央公論社。三戸公（1991）『家の論理1』『家の論理2』文眞堂

(10) ファミリービジネスとイエ制度の関係については、下記論文を参照。T. Shinato, K.Kato（2018）"Japanese corporate governance structure review and 'the logic of Ié'" International Journal of Business and Globalisation, Vol. 20, No. 3, 2018.

(11) Monks, R. A., and Minow, N., Watching the watchers: Corporate Governance for the 21st century, Blackwell Publishers, 1996 (revised edition of Corporate Governance, 1995) p.I.（ロバート・A・G・モンクス&ネル・ミノウ著、ビジネス・ブレイン太田昭和（訳）『コーポレート・ガバナンス』生産性出版（1999年、20頁）

(12) 株式会社東京証券取引所「コーポレートガバナンス・コード～会社の持続的な成長と中長期的な企業価値の向上のために～」2018年6月1日　https://www.jpx.co.jp/news/1020/nlsgeu000000xbfx-att/nlsgeu000034qt1.pdf（2019年11月17日閲覧）

(13) 首藤恵・竹原均は、「コーポレートガバナンスの枠組みの中でCSRに戦略的に取り組むことができる」ことを示している（早稲田大学ファイナンス総合研究所ワーキングペーパー「企業の社会的責任とコーポレート・ガバナンス―非財務情報開示とステークホルダー・コミュニケーション―」WIF-07-006：November 2007）。また、経済産業省は、「企業の社会的責任とは、企業が社会や環境と共存し、持続可能な成長を図るため、その活動の影響について責任をとる企業行動であり、企業を取り巻く様々なステークホルダーからの信頼を得るための企業のあり方」を指すとしている。（企業会計、開示、CSR（企業の社会的責任）政策）https://www.meti.go.jp/policy/economy/keiei_innovation/kigyoukaikei/index.html　2019年11月26日閲覧）

(14) Yasuo Goto, Scott Wilbur (2018), "Unfinished business: Zombie firms among SME in Japan's lost decades",

(15) Japan and the World Economy. 後藤康雄「日本の中小企業部門の効率性について―ゾンビ企業仮説と企業規模の視点から」独立行政法人経済産業研究所 Research Digest。https://www.rieti.go.jp/jp/publications/rd/122.html（2019年11月17日閲覧）
田中一弘（2014）『「良心」から企業統治を考える』東洋経済新報社

オーナーシップ

ファミリーとビジネスに役立つファミリーガバナンスをつくる

(16) 本稿は法務・財務・税務に関するアドバイスを目的としていません。具体的な承継手法の検討に際しては、ご自身で専門家にご相談の上、ご判断ください。また、本稿中の見解は筆者個人のものであり、筆者の所属する組織のものではないことにご留意ください。

(17) 個人保証と事業承継については、以下で重要な論点を提供されています。津島晃一（2017）『お金をかけない事業承継（かわいい後継者には〝個人保証〟を継がせろ）』同友館

(18) ファミリーガバナンスに関する一般的な解説は、以下をご参照ください。武井一喜（2014）『同族会社はなぜ3代で潰れるのか』クロスメディアパブリッシングおよび、階戸照夫・加藤孝治編著（2020）『ファミリーガバナンス』中央経済社

(19) 本稿で取り上げる事例は、内容の理解を助けるための架空のものです。

(20) 事業承継における現経営者と次世代の葛藤については、以下で経営学の枠組の中で分析されています。落合康裕（2019）『事業承継の経営学』伯東書房

(21) 日本の法令を前提としたファミリーガバナンスについて、以下で民事信託を活用した試論が紹介されています。森・濱田松本法律事務所編（2019）『変わる事業承継』日本経済新聞出版

(22) ファミリーオフィスとは、ファミリーが求めるサービスを提供するための組織です。ファミリーオフィスでの業務従事者をファミリーオフィサーと言います。ファミリー共同の資産管理が中心業務ですが、ファミリーメンバーが多くなった場合には、ファミリーガバナンスの事務局としての機能を持っていることも少なくありません。UBS/Campden Research (2019). Global Family Office Report 2019. UBS/Campden Research および日本経済新聞出版編（2020）『長寿企業　逆境に勝つ強さの秘訣』（日経ムック）日本経済新

聞出版

(23) 具体的な資本政策は以下でも紹介されています。税理士法人タクトコンサルティング（2018）『改訂版 法務・税務のすべてがわかる！事業承継実務全書』日本法令、デロイトトーマツ税理士法人（2020）『Q&A 事業承継をめぐる非上場株式の評価と相続対策（第10版）』清文社、PwC税理士法人編（2018）『完全ガイド 事業承継・相続対策の法律と税務（五訂版）』税務研究会出版局

第5章

事業を円滑にする外部との上手なつきあい方

「自社の強み」を最大限に
活かすために大事なこと

この章では、ファミリービジネスが永続的な経営を続けていくために求められる外部の人たちとの上手なつきあい方、また、ファミリービジネスに関する情報の集め方、企業経営をしていくうえで押さえておきたい経営的な視点と時代の読み方などをお伝えしようと思います。

自社のファミリービジネスとしての長所を引き出し、その強みを最大限に活かすためにも、ぜひともお役立てください。

永続的な経営

創業者とアトツギの経営スタイルの違いを知る

事業承継は、ファミリービジネスの永続性を脅かす最も大きなリスクと言っても過言ではありません。経営分野の事業承継、いわゆる経営承継について最も大切なことは、先代の経営者から後継者に対して経営のバトンが渡され、後継者によって正しい経営判断がなされ、競合会社との競争に勝てるような状況にしなければなりません。

先代、特に創業者である場合は、そのカリスマ性によって、経営をされていることも多く、後継者が同じような経営スタイルを志向してもうまくいくとは限りません。むしろ後継者は、後継者らしい経営スタイルを志向すべきです。さらに、ファミリービジネスの永続性を志向するには、極論を言えば、誰が経営をしても、一定のレベルで経営できる体制を築く必要性があります。新型コロナウイルスなどのまん延などでも見られた、これまでの価値観が大きく変わるようなパラダイムシフトが起こる現代では、

図表5ー1

カリスマ経営とチーム型経営の比較

現経営（カリスマ経営）		チーム型経営
原則、創業者がすべてを決める。	意思決定	後継者（ご子息）を中心としたチームで、合議的な意思決定。
勘と経験（成功体験）に基づく経営。	経営スタイル	データ（事実）に基づく経営。
試算表レベルの管理（どんぶり勘定、結果管理）。	業績管理レベル	業績管理制度の構築（セグメント、先行管理）。
経営幹部はイエスマンが多い。	幹部の意識	経営幹部が経営活動の推進者。

なおさらのことです。では、予期できない変化が起きる時代の経営スタイルとは、どのようなものでしょうか。

私は「カリスマ経営者による経営スタイル」から「後継者を中心としたチーム型経営」というこれまで以上に、経営幹部や社外の専門家の英知を集め、合議的に意思決定していくスタイルに変わっていくことが必要だと考えています（図表5−1）。

カリスマ経営者から円滑な経営承継をする

チーム型経営の特徴は、合議的な意思決定によって、経営活動を推進していくことです。合議的な意思決定をしていくには、データ（事実）に基づく意思決定を行なっていく必要があり、そのためには、業績管理制度（予算編成、予実管理、セグメント会計、先行管理など）のしくみを整備しなければなりません。

チーム型経営のイメージをより具体的にするために、実際に「カリスマ経営者」から「チーム型経営」へと経営承継を実現した事例について紹介しましょう。

A社は当時、70歳を迎えた創業社長による経営がされていましたが、経営環境の変化に対応できずに、企業業績も悪化。経常利益はマイナスとなり、メインバンクからも経営改善を迫られていました。

私はメインバンクの要請を受けて、A社の経営改善を支援することになったのです。初めに創業社長、後継者となる長男（40歳）、経営幹部との面談を通じて、新たな経営モデルであるチーム型経営への変革の必要性について粘り強く説明しました。創業社長の了解をえた後に、後継者への経営承継（社長就任）、創業者の会長就任など、組織体制も変えることにしたのです。実際のステップは、

・カリスマ経営者が、原則、すべてを決めていたのを、後継者（ご子息）を中心にしたチームで合議的な意思決定をする。
・カリスマ経営者が成功体験に基づく経営をしていたのを、データ（事実）に基づく経営にする。
・試算表レベルの管理がドンブリ勘定、結果管理だったのを、業績管理制度の構築（セグメント、先行管理）をする。

と、変革していきました。

「チーム型経営」を成功させる4つの視点とは？

①組織体制（事業責任者）の明確化

チーム型経営を実現するには、後継者を中心としてどのようなチームを組成するのかが重要です。カ

リスマ経営の時代は、従業員に対して意見を求めることも少なく、仮に経営者に意見すると叱責されることもあり、イエスマンになっているケースが多くあります。しかし、そのような体制では、従業員ともども企業として生き残れません。従業員にもしっかりと考えてもらい、ともに経営活動を推進してもらう必要があります。

そのためには「チーム型経営」の実現に向けた変革ステップをたどることをオススメしますが、具体的には、

・組織体制（事業責任者の明確化）。

・基本戦略の立案と収益管理制度の構築。

・戦略会議の創設。

・事業別年度予算の策定と予実管理の実施。

で取り組むことです。そのためには、まず、チームメンバーを選定します。会社として複数事業を抱えている場合は、それぞれの事業に対する責任者（事業責任者）を選定します。もし、単一事業であれば、機能別（営業、開発、製造、管理部門など）に責任者を任命し、後継者と一緒に経営活動を推進していく責任者を明確にします。

A社では、「携帯電話向け電子部品事業」「自動車向け電子部品事業」「小ロット電子部品事業」の3つの事業があったので、それぞれに事業責任者を任命しました。

もうひとつ大切な視点として、社外の専門家にもメンバーになってもらうべきです。その際に大切な

ことは、特定な分野にくわしいコンサルタントではなく、今後、発生すると想定されるあらゆる課題に対応することができる、課題解決型のコンサルタントが望ましいのです（くわしくは別途説明）。

②基本戦略の立案と収益管理制度の構築

基本戦略とは、複数展開しているそれぞれの事業で、どの事業に力を入れていくのか。言い換えれば、どれをやめるのかを決めることが大切。カリスマ経営の時代は、このような判断はすべて創業者によってされていました。その判断を後継者や事業責任者に担当してもらわなければならないのですが、何の準備もなく、意思決定することはできません。創業者は感覚的に企業の隅々、また、業界のこともよく知っていますが、後継者は必ずしもそうではありません。そのために、それぞれの事業における収益性や置かれている状況（事業環境）を客観的に把握することからはじめます。

そこで「携帯電話向け電子部品事業」「自動車向け電子部品事業」「小ロット電子部品事業」の売上高、経常利益を把握し、さらにそれぞれが置かれている事業環境を把握しました（図表5-2）。その結果、従来の主力事業であった携帯電話向け電子部品事業は、売上高には貢献しているものの中国、韓国メーカーとの競争が激化しており、経常利益ベースでは赤字になっていたことがわかったのです。

この事業が赤字になっていることは、見積価格も厳しいこともあって、何となく感覚ではわかっているものの、創業者の思いもあり、強くやめようと言えなかった事案だったのです。しかし、業績管理制度により、それぞれの事業の収益性が明確になったことで、取引先を選別していくことを社内で意思決定ができるようになりました。

図表5ー2

それぞれの事業の収益性と事業環境

	携帯電話向け電子部品事業	自動車向け電子部品事業	小ロット電子部品事業
売上高（構成割合）	20億円（40%）	25億円（50%）	5億円（10%）
経常利益	▲250百万円	150百万円	80百万円
事業環境	中国、韓国メーカーとの競争激化	自動車メーカーのグローバル化により需要増加	高付加価値分野での引合増加

↓

基本戦略	事業縮小（取引選別）	事業拡大	事業拡大

③戦略会議の創設

チーム型経営を実践していくには、後継者と事業責任者などの経営幹部において、基本戦略に沿った行動計画の策定や計画の進捗状況などを確認し、正しい経営活動がなされているのかを確認することが必要です。

そこで、このような内容を討議する場を戦略会議と称し、新たな会議体を設定しました。従来の創業者時代の会議のような創業者からの一方的な指示が出る場で、経営幹部と言えども意見することはできず、指示にしたがうだけの大いなるイエスマンでよかった会議とは異なります。

チーム型経営は、経営幹部として現場の状況を把握して、事業部内で解決できることは率先して対応してもらい、事業部内で解決できない事項を戦略会議に上げてもらい、討議を実施していきます。

また、予算を編成した場合は、その予算に対する実績を把握して、なぜ差異が発生したのか、今後、どのような対応を実施していくのかについて、侃々諤々《かんかんがくがく》と討議します。戦略会議では次のような項目を議題とします。

・会社全体、事業部の月次予算に対する実績値と差異分析と対策。
・期初に定めた行動計画に対する進捗状況。
・今後の販売見通し（少なくとも3～6カ月先）に基づく企業活動の修正可否の検討。
・事業部だけでは対応できない組織の横断的な課題。

④事業別年度予算の策定と予実管理の実施

事業別の実績値（売上高、売上原価、経費など）が把握できるようになれば、その実績値に基づき、次は予算を編成します。多くの中小企業では予算編成されていないことに驚かされるのですが、予算がなければ成り行きベースの経営が行われる危険性が高いのです。また、よく経営者から経営環境は常に変化するので、予算をたてる意味がないのではないかと言われます。

しかし、本当にそうなのでしょうか。むしろ、逆に経営環境が見通せないので、予算を編成すべきです。なぜなら予算は、予算編成時の時点で、将来の経営環境の変化を予測し、その内容を前提として、売上高、売上原価（材料費、外注加工費、製造経費など）、販管費などを設定し、どのくらいの売上高と利益を確保できるのか、そのために必要な経営資源（人員、設備、資金など）を明確にすることだからです。

仮に経営環境が見通せない場合は、最も可能性が高い中庸パターンに加えて、楽観パターン、悲観パターンでシミュレーションを行います。確かに新型コロナウイルスほどの経営環境の変化を予測することはむずかしいのですが、予算編成後も経営環境の変化に応じて、常に企業活動の見直しを行い、経営環境の変化に柔軟に対応できるような企業体制をすべきです。

予算編成と言っても、前年比5%といった予算編成はしません。確かにそのような予算はカリスマ経営ではありがちな予算ですが、それは気合と根性の予算であり、意味がありません。仮に経営環境が10%で伸びている場合、前年比5%増の予算ではよくありません。成り行きベースでも10%伸びるわけですから、どのようにして10%以上の伸びを実現するのか、もしくは、利益率は向上させるのかといった議論を予算編成の時点ですべきでしょう。

このようにして予算編成を行い、戦略会議で予算に対する実績に対する管理、つまり、予実管理を実施していきます。予算（Plan）に対して、経営活動（Do）を行い、実績値を集計し、差異を把握します（Check）。そして、戦略会議で改善活動（Action）を推進します。こうしてPDCAサイクルを回せば経営改善がなされます。

経営改善を推進したA社では、経営幹部がこれまでよりもイキイキと経営活動を推進するようになりました。その結果、変革前は売上高50億円、経常利益20百万円の赤字だった企業が、チーム型経営に転換することで5年後に売上高70億円（1・4倍）、経常利益3・4億円（4・2%）、自己資本25億円（自己資本比率36%）の企業体へと企業業績も大きく改善されたのです（図表5-3）。

みなさんの会社も後継者による経営体制を構築されていない場合は、ぜひ、「チーム型経営」の導入を検討されてはいかがでしょうか。

次に、「チーム型経営」の推進にあたり、どのような社外の専門家とつきあうべきかについて考えてみることにしましょう。

図表5－3

チーム型経営の成果

	ワンマン経営時代（変革前）	後継者によるチーム型経営（5年後）
売上高	50億円	70億円（1.4倍）
経常利益	▲20百万円（赤字）	3億円（4.2%）
自己資本	20億円（30%）	25億円（36%）
総資産	65億円	70億円

「チーム型経営」の推進役として、単に経営のことにくわしい専門家で対応できるかと言えば、必ずしもそうではありません。ファミリービジネスのオーナーが抱える問題は多岐に渡るためです。

これまでは、それぞれの課題において専門性が異なる専門家が縦割りによって、サービスが提供されてきました。たとえば、経営分野の問題は経営コンサルタントなど、所有（株式）分野の問題は税理士、銀行員など、家族分野は心理カウンセラーなどといった具合です。そのような縦割りの視点では、支援者側が連携していないために、ちぐはぐな対応がなされる危険があります。

事業部制を導入したにもかかわらず、所有（株式）分野の観点から会社分割などの組織再編をしてしまうなど、一貫した経営活動がなされません。また、後継者育成についても、経営課題として海外展開が問題になっており、後継者にはその分野で力を発揮してもらいたいと考えているにもかかわらず、心理

図表5－4

ファミリービジネスマネジメントコンサルタント®の視点

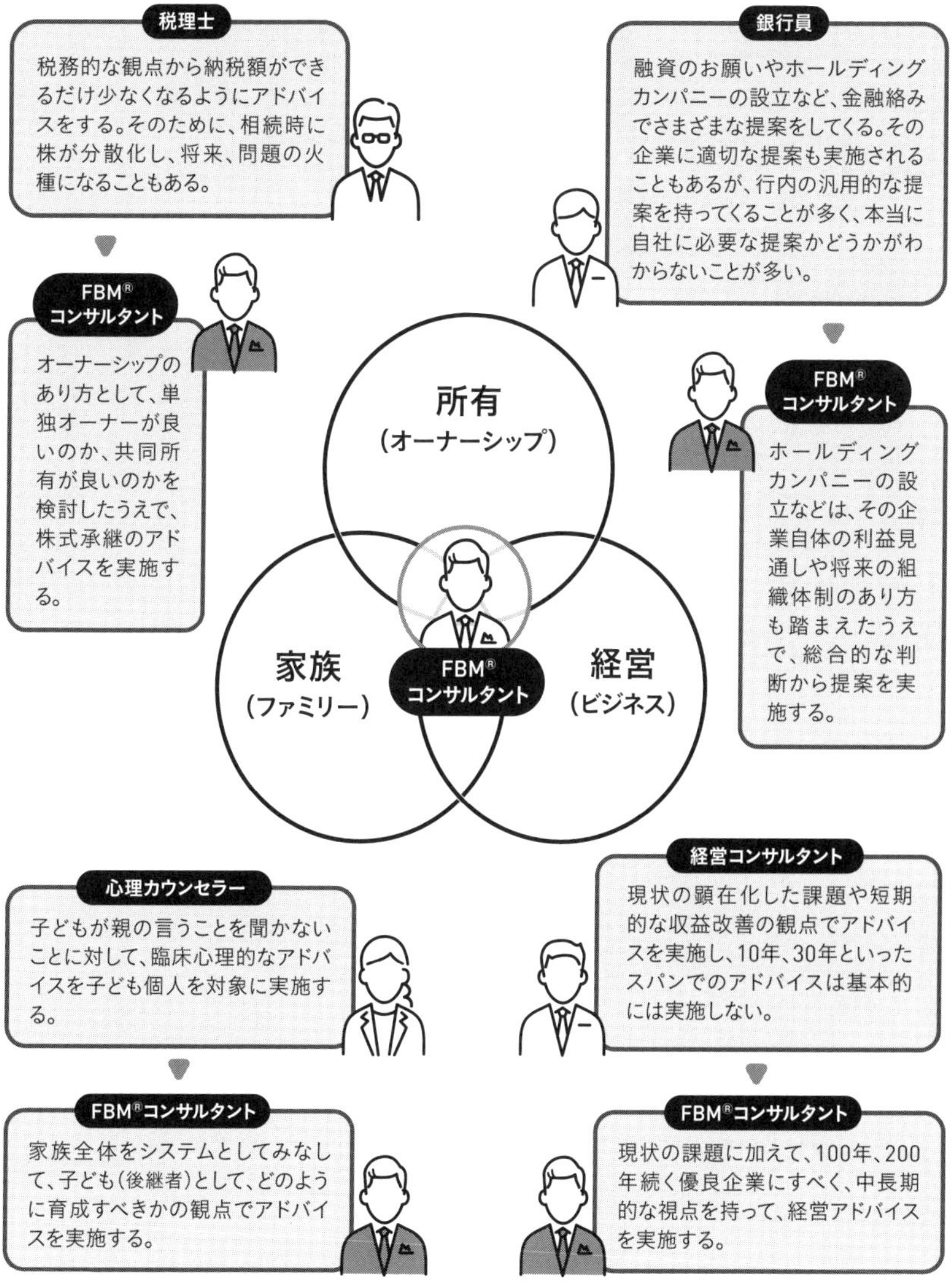

税理士
税務的な観点から納税額ができるだけ少なくなるようにアドバイスをする。そのために、相続時に株が分散化し、将来、問題の火種になることもある。
FBM®コンサルタント
オーナーシップのあり方として、単独オーナーが良いのか、共同所有が良いのかを検討したうえで、株式承継のアドバイスを実施する。
銀行員
融資のお願いやホールディングカンパニーの設立など、金融絡みでさまざまな提案をしてくる。その企業に適切な提案も実施されることもあるが、行内の汎用的な提案を持ってくることが多く、本当に自社に必要な提案かどうかがわからないことが多い。
FBM®コンサルタント
ホールディングカンパニーの設立などは、その企業自体の利益見通しや将来の組織体制のあり方も踏まえたうえで、総合的な判断から提案を実施する。

FBM®コンサルタント
心理カウンセラー
子どもが親の言うことを聞かないことに対して、臨床心理的なアドバイスを子ども個人を対象に実施する。
FBM®コンサルタント
家族全体をシステムとしてみなして、子ども（後継者）として、どのように育成すべきかの観点でアドバイスを実施する。
経営コンサルタント
現状の顕在化した課題や短期的な収益改善の観点でアドバイスを実施し、10年、30年といったスパンでのアドバイスは基本的には実施しない。
FBM®コンサルタント
現状の課題に加えて、100年、200年続く優良企業にすべく、中長期的な視点を持って、経営アドバイスを実施する。

“真” にオーナーの立場にたって、
「経営」「所有」「家族」の観点からアドバイスを実施する。

大井大輔作成

（オーナーシップ）

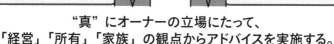

カウンセラーなどが後継者に対して、「自分の好きなことをしたら良い」と、医者や弁護士などになることを勧めていたとしたら、これもちぐはぐな対応と言えるでしょう。

ファミリービジネスの永続性を担保するには、ファミリービジネスを意識的にマネジメント（管理）するという考え方、つまり、ファミリービジネスマネジメント（FBM®[1]）といった視点が求められます。このような専門家をファミリービジネスマネジメントコンサルタント®と呼んでいますが、彼らに必要な視点は、前ページの表5-4の通りです。縦割りに分断された専門家の見識を真のオーナーの立場にたって経営、所有、家族の観点からアドバイスすべきなのです。

大井大輔

IT導入　アトツギ育成を見据えたITアドバイザーを見つけよう

長年に渡り中小製造業のデジタルマーケティングやIT化の支援を行なってきた中で、私は多くの若手アトツギが自社のIT推進を行うことで成長し、その勢いのままに会社を円滑に後継していく姿を見てきました。その経験からアトツギがITを武器に事業承継を進めていくべき理由と、その具体的な手法、実践するためのITアドバイザーの要件などについて、ここでは紹介します。

アトツギが入社してから会社を後継するまでの環境は会社によって大きく異なります。業績が好調な会社もあればそうでない会社もあるでしょう。しかし、どのような状況の会社であっても、アトツギは事業承継するまでに経営者として成長していかなければなりません。さらには会社で一定の成果を挙げ、社員からの求心力を高めることができれば最高です。

ＩＴを武器に事業承継を進めるべき3つの理由

それを実現するために、ＩＴを武器に事業承継を進めていくことを推奨する理由は、３つあります。

①ＩＴ活用は経営を一変させるポテンシャルを持つ

創業年数が古い企業や企業規模が小さい企業ほど、社内のＩＴ推進が遅れているケースが多くあります。そのような企業では、ＩＴの活用で経営を一変させられるポテンシャルを持つことが少なくありません。アトツギにとって、経営を大きく改善できたという実績は大きな成長につながります。大きな経営改善を図ることができていれば、事業承継もスムーズになりますし、何より成功体験がアトツギの大きな自信となります。

②デジタルネイティブ世代として得意分野を活かす

社内の高齢化が進んでいる企業では、社内でＩＴ推進を担える人材がいない場合が多いようです。それに対してアトツギの多くは、世代が30代以下の若い世代が中心です。まさに、学生時代からスマートフォンを持ち、自宅のパソコンやタブレットがインターネットにつながっている環境で育ったデジタルネイティブ世代です。デジタルネイティブ世代はＩＴに関する基礎知識があるので、この活用が進んでいないことによる社内の非効率さにいち早く気づくことができます。

ＩＴ推進を進める際は、社内のメンバーに知識を学習してもらうよりもデジタルネイティブ世代に覚えてもらったほうが圧倒的に効率的です。高齢化した企業の場合、若い人材を採用するのに苦労する場合が多いので、アトツギにその役割を担わせることは非常に理にかなった方法と言えます。

③社内で頼られる存在になる

アトツギは入社直後から従業員に特別な目で見られることが多くあります。アトツギの一挙手一投足は常に注目されています。前述したとおり、ＩＴ活用は取り組みが不十分な企業ほど経営に大きなインパクトを与えることができます。

経営に大きなインパクトを与えることができれば、従業員はアトツギを徐々に認め、社内で頼られる存在へとなっていきます。事業承継前に従業員にその存在を認められれば、一定のポジションを築くことができ、承継後に従業員をマネジメントしやすくなるといった大きな利点となります。

アトツギへは「攻め」のＩＴ推進を担わせよ

これまでＩＴという言葉を連呼していますが、この言葉の範囲が広いためピンときていない方もいると思います。場合によっては、ＩＴというとバックオフィス業務などの業務改善を目的としたものをイメージする方も多いのではないでしょうか。

しかし、ＩＴ活用は業務改善のような「守り」ではなく、顧客獲得やビジネスモデルの変革につながるような「攻め」のＩＴとすべきです。なぜなら、「守り」はセオリーどおり進めていけば結果が出や

図表5－5

ファミリービジネスアドバイザーの視点

難易度（低い → 高い）

推進するIT活用	目的	かかわる部門
Webマーケティングの推進	・新規顧客の獲得	・営業部門
デジタルマーケティングの推進	・新規顧客の獲得 ・見込顧客の案件化 ・既存顧客の関係性向上	・営業部門 ・マーケティング部門
DX（デジタルトランスフォーメーション）の推進	・ビジネスモデルの変革 ・新たな収益源の獲得	・全部門

徳山正康作成

すいのに対し、「攻め」は結果を出すのがむずかしく、従業員に任せるより経営者の役割として担ったほうが成功確率を高められるからです。

ここでは「攻め」のITを実現するための具体的な手法についてお話しましょう（図表5－5）。

①新規顧客獲得を目的としたWebマーケティングの推進

最も手っ取り早く、低いリスク（投資）ではじめられるIT活用がWebマーケティングの推進です。Webマーケティングとは、自社のホームページやオウンドメディアを通じて新規顧客を獲得する活動を行うことです。特に中小製造業や建設業など、下請構造のある業界では、これまで発注元企業からの仕事だけを請け負ってきた企業も多く、新規顧客獲得の機能自体を持っていないことがあります。

社内に存在しない（社内でうまくいっていない）新規営業機能の確立をアトツギに担わせ、営業機能の基礎をつくることはアトツギにとっても非常に成長性の高いチャレンジとなります。Ｗｅｂマーケティングを進めることで、自社の強みを見直したり、顧客ニーズや競合企業の調査をしたりすることができるので、自然と経営者に必要な３Ｃ（顧客・市場、競合、自社）の観点を身につけることができます。

②営業部門の生産性を高めるデジタルマーケティングの推進

デジタルマーケティングでは、Ｗｅｂマーケティングを目的にした新規顧客の獲得に加え、オフラインも含めた活動により獲得した見込顧客を育成し、顧客化していく活動や既存顧客との関係性の構築（エンゲージメント）を行い、取引単価を向上させるといったことを目的としていきます。

これらを達成させるためにはホームページやオウンドメディアの運用に加え、ＣＲＭ（顧客の属性や接触履歴を記録・管理し、顧客に応じたきめ細かい対応を行うことで長期的な関係を築き、顧客満足度の向上や取引関係の継続に結びつける取り組み）やＭＡ（マーケティングオートメーション／マーケティング業務の自動化で業務効率化、生産性向上を図るツール）といったＩＴツールの導入が不可欠となります。目的、巻き込む社内の組織、利用するＩＴツールの範囲が広がるので、難易度としてはＷｅｂマーケティングよりもぐっと高くなります。

デジタルマーケティングの推進は、社内に営業機能が存在するが生産性の向上に悩んでいる、という企業に合います。これを後継者が担うことにより、マーケティング、営業機能と広範囲から頼られるポジションを構築することができます。

③ビジネスモデルを変革させるＤＸの推進

ＤＸ（デジタルトランスフォーメーション）とは、企業がＩＴを活用して自社のビジネスモデルを大きく転換させることで、事業の業績や顧客の対象範囲を根底から変化させる手法のことです。昨今、ＩＴ業界でもトレンドの言葉となっていますが、抽象的な言葉でもあるので、人によってとらえ方がそれぞれです。そのためＤＸの推進を支援できるパートナーは、Ｗｅｂ業界なのか、ＩＴベンダー（情報技術に関連した機器やソフトウェア、システムなどを販売する企業）なのか、コンサル業界なのか、それともまったく別の仕事をしているのかがわかりづらく、この領域の支援ができるアドバイザーは希少であると言えます。

ＤＸを推進するためには、良いアドバイザーを味方につけることはもちろん、アトツギの資質が大きく問われます。推進を行うに当たりかかわってくる部門もほぼ全部門となるため、リーダーシップを発揮できるかどうかも課題となります。

非常に成功難易度は高いものの、これをアトツギの段階で推進することができれば、間違いなく事業を伸ばすことができるからです。ただし、ビジネスモデルの大きな変革となるので、承継前に実施するかは検討すべきでしょう。主導権の大きくなった承継後のタイミングをみて行うことも検討します。

ところで、ＩＴ推進のレベル感によってつきあうべきアドバイザーの要件は変わってきます。具体的には、どのような支援を行なってくれるアドバイザーを選び、つきあうのが良いのかを考えていきます。

・ファミリービジネスに関して造詣が深い

アトツギ育成も兼ねたＩＴ推進を行う場合、ファミリービジネスコンサルティングに関する知識を有していることが望まれます。ファミリービジネスの事情を理解し、プロジェクトの推進スピードや進め方などを考慮しなければ家族間の衝突などといった問題が生じてしまう可能性があるからです。

・アトツギ育成という観点がある

単に社内のＩＴ推進を成功させるだけでなく、その中でアトツギとともに成長できるのか、社内でどのようなポジションを築かせるのか、などを考慮できるパートナーが良いでしょう。

・ＩＴベンダーとのつきあいやリソースの調達方法をアドバイスできる

中小企業の場合、ＩＴ推進を行う際にいきなり社内にエンジニアを抱えることはリスクが大きく避けたほうがいいため、基本的にはＷｅｂ制作会社やＩＴベンダーといった外注会社とつきあうことになります。

ＩＴアドバイザーには、ベンダーの選定方法やコミュニケーションの取り方などをアドバイスしてもらうようにします。また、外注するのは会社にこだわらず、クラウドソーシングなどを利用し、フリーランスのエンジニアや副業人材を活用するなど、柔軟なリソース調達手段を助言してくれる人がオススメです。

ＩＴアドバイザーに求められる要件すべてを満たし、ファミリービジネスアドバイザーとしてすでに活動している人は稀です。ですから、ここで述べた条件に当てはまるめぼしい人がいたら、ＩＴアドバイザーとしての役割を担ってもらえないか打診することも重要になってきます。

徳山正康

社員の幸福度

経営にエンゲージメント思考を取り入れる重要性

日本のファミリービジネスにおいても、ようやく「エンゲージメント」という概念が広く認知されるようになってきました。ファミリービジネスがエンゲージメントを意識し、適切に向上させることで業績と社員の幸福度の双方を高め合うことができる、ということもわかってきました。

エンゲージメントの一般的な訳語としては、約束、合意、契約、婚約、雇用、接触（かみ合い）などがあります。つまり、「engagement」とは、「かかわりあい」「関係性」が中核にある概念です。コンサルティング会社ウイルス・タワーズワトソンは、ビジネスにおいてエンゲージメントを「従業員の一人ひとりが企業の掲げる戦略・目標を適切に理解し、自発的に自分の力を発揮する貢献意欲」と定義し、これが現在ビジネス文脈において一般的な解釈として用いられています。

先進企業の多くがエンゲージメントに関するサーベイ（調査）を行い、その重要性が認識されるようになりました。エンゲージメントが高い組織では、次のことが明らかになっています。

・収益性が高い。
・生産性が高い。
・離職率が低い。
・製品の欠陥が少ない。
・社員の欠勤が少ない。

そしてエンゲージメントを重視した経営が日本でも、この数年でようやく広がってきています。

「熱意あふれる社員」の割合が海外に比べて低い日本企業

エンゲージメントの重要性が理解されるようになってきましたが、残念ながら多くの日本企業のエンゲージメントが非常に低いことが明らかになってきました。世界的な世論調査や人材コンサルティングを手がける調査会社ギャラップによるサーベイの結果、日本企業に勤める社員のエンゲージメントが非常に低いのです。

さらに日本企業は、「生産性の低さ」という問題も抱えています。日本生産性本部「労働生産性の国際比較」によると、日本の一人当たりＧＤＰは先進7カ国の中で最下位となっています（ＯＥＣＤ加盟35カ国中21位）。そしてスイスのビジネススクールＩＭＤの世界競争力センター（IMD World Competitiveness Center）は、国ごとの競争力を示した２０１９年版「世界競争力ランキング（World Competitiveness Ranking）」を5月28日に発表しました。その結果、日本の総合順位は前の年から５つ下がり、30位でした。

私たちは社員の意欲が低く、関係性も悪化し、生産性や国際競争力も低下しているという日本の組織の厳しい現実をまずは、直視しなければなりません。なぜ、日本企業の業績や生産性は、量的にも質的にもここまで低下し続けてきたのでしょうか。

マクロからミクロレベルで、さまざまな原因が考えられます。その中でも特に平成の30年間、日本の多くのビジネスパーソン、経営者が「エンゲージメント」を軽視、もしくは「ほとんど意識してこなかった」ことが日本企業の業績低迷の大きな要因であると考えられます。

そこで私たちは、アトラエの「wevox」というプラットフォームを使って組織のエンゲージメントを測定しています。「wevox」は、エンゲージメントを次の9つの構成要素に分類して測定しています。

その9つの構成要素（ドライバー）とは、

①職務……職務に対してどの程度、満足度を感じているか。
②自己成長……仕事を通して、どの程度自分が成長できていると感じているか。
③健康……仕事の中で、過度なストレスや疲労を感じていないか。
④支援行動……上司や仕事仲間から、職務上または自己成長の支援を受けているか。
⑤人間関係……上司や仕事仲間と、どの程度、良好な関係を築けているか。
⑥承認・期待……周りの従業員から認められていると、どのくらい感じているか。
⑦理念・戦略・事業……企業の理念・戦略・事業内容にどの程度、納得・共感しているか。
⑧組織風土……企業の組織風土が従業員にとって、どの程度、良い状態なのか。
⑨待遇・制度・環境……給与、福利厚生、職場環境といった会社環境にどの程度、満足しているのか。

これらの要素をスマホ、タブレット、パソコンを使い2分ほどのサーベイに答えてもらうことで組織のエンゲージメント状態を可視化し、共有することで継続的にエンゲージメントを向上させることが可能になりました。定期的にサーベイを取ることで、組織のエンゲージメントの状態を定点観測し、経時的推移や部門や入社年次などの属性ごとでデータを即時に比較できます。そうすることで自社の強みと弱みを定量的に把握し、改善ポイントに優先順位をつけ具体的なアクションをとれるようになりました。

エンゲージメント経営で業績が回復した株式会社福井

ファミリービジネスは家族の絆、歴史を強みに活かせる点が強みです。ファミリービジネスがエンゲージメントを重視した経営に取り組むことは、本質的に相性がとても良いことだと言えます。ここで実際にファミリービジネス6代目福井基成さんがオーナーである株式会社福井（以下、福井）は、企業再建のコアのひとつとして「エンゲージメント向上」を取り入れて、見事に業績回復をされました。この事例を紹介しましょう。

福井は、創業1912年の100年以上の老舗です。資本金1000万円、社員数93名（うち正社員43名）で4事業所を保有しています。包丁製造からスタートし、現在はハサミ、スコップやそのほか農具園芸用品に多角化されています。創業から1995年までに順調に売上、利益を上げられてきました。

しかし、95年をピークに2007年にかけてほぼ10年間、継続的に売上、利益が減少したのです。それは、マクロ要因、チャネル変遷、代替品などの出現などによる外部要因。また、内部要因としては、会社と社員の関係性の質の低下ではないか、と思われるようになりました。

福井さんは2006年、ブリヂストン勤務後に専務として同社に入社。まずは、売上拡大のために販路拡張や製品ラインの見直しに手をつけました。その際に、福井さんにとって気になる傾向がありました。定年以外の退職者が、毎年絶えなかったことです。2012年から2017年にかけて毎年2～5名の退職者が出ており、企業サイズのわりに退職者数が多すぎるという課題がありました。

ちょうど２０１６年、福井さんは経営の基本を学ぶためにグロービス経営大学院に入学。２０１７年に私が担当する「サービスマネージメント」と「クリエイティブシンキング」のクラスを受講され、エンゲージメントについて学ばれました。そこで自社に足りない点が「エンゲージメントを意識した経営」であると、確信されたのです。

それまでも会社が成長するために不可欠なものは、ＱＣＤＦ（Quality：品質、Cost：コスト、Delivery：納期、Flexibility：柔軟性）と考えていましたが、中でも変化する顧客や流通、商品群を見逃さない「目利き力」が、今後より重要な要素だと確信されるようになったのです。一時期は自社を「装置産業」と定義していましたが、その反省から「人こそ自社の競争力の源泉である」と再認識されたのでした。

２０１６年まで昭和的ガンバリズムで、個人事業主が集まったような組織で離職率も高いものでしたが、その状況を改善すべく２０１７年に社是を見直されます。経営理念は「共に喜ぶ」、基本方針は優先順位として、

①社員（社員は会社最大の資産であり、企業永続の原動力。会社は業績と共に社員の成長責任を担う）。
②家族（社員の最大の資産は家族であり、会社は家族の豊かな生活に貢献する）。

とされています。このように社員を第一に置く基本方針を具体的に実行する施策として、２０１８年にアトラエが提供するエンゲージメント測定プラットフォーム「wevox」の導入をしました。「wevox」は簡単なサーベイに定期的に社員が答えることで、エンゲージメントを定量的に測定できるサービスです。

福井ではエンゲージメントをサーベイして、２年以上経ちますが、結論としてはエンゲージメント測

定を導入してとても良かったとおっしゃっています。理由としては、これまで気づけなかったような組織の課題が定量的・定性的に見えるようになったこと。定期的にエンゲージメントを測定することで組織の健康状態の推移を把握することができ、「個別アクションとエンゲージメントの相関」についても把握。そこからの仮説を次のアクションへと結びつけることができたこと。社員の一人ひとりが仕事よりジブンゴトとしてとらえることができ、前向きになったことなどが挙げられます。課題視していた離職も2018年以降はゼロになりました。また、売上、利益ともに毎年対前年比アップの右肩上がりとなっています。

ここで実際にエンゲージメントを測定して組織改革に取り組まれている福井代表にインタビューする機会があったので、紹介したいと思います。

〈福井代表のインタビュー〉

Q．ファミリービジネスのオーナーとして、エンゲージメントの重要性を教えていただけますか。

A．ファミリービジネスでは、創業社長はカリスマ性を持ってグイグイと全社を引っ張っていくタイプが多くいます。しかし、当社のような何世代か続いた会社で私のような経営者は、単に血縁だけで社長になっているケースが多く、カリスマに欠けるものでも社長になれます。それでも会社を続けていきたいなら、社長は自分の能力の限界を自覚し、自分より優秀な社員をつくり、みんなで考え、みんなにも頑張ってもらうしかありません。

ファミリービジネス社長の悩みによくありがちなことですが、「なぜ、社員はこんなに当事者意識が低いのか」ということがあります。これは私からすると社長の誤解だと思います。社員の当事者意識が低いのではなく、逆にオーナーの当事者意識が相対的に高すぎるためです。いずれにせよ、そのギャップを埋めるためには社員の当事者意識（＝エンゲージメント）を上げていく必要があります。

その点では選び抜かれた実務能力バリバリの社長がいる一般（非同族系）企業より、むしろ頼りない社長のいるファミリービジネスのほうが、エンゲージメントとの親和性は高いと私は信じています。

当社の場合は、２０１６年頃より人数が50名（パート含む）を超えたあたりで、私ひとりのパワーに限界を感じはじめていました。そのために、まず企業理念でも、より社員を大切にすることを明記し、それを実践してきたつもりです。

Q. 中小企業の課題を教えいただけますか。

A. ファミリービジネスは小さな企業が多く、待遇面で大企業と比較してよくありません。金銭以外の動機づけで何とかカバーしていかないとなりません。たとえば、自身の仕事に対する裁量が大きいとか、自分が会社を支えている自己効力感を持ってもらうことです。正直な話、当社のエンゲージメントの定義は、「給料が安くて仕事もめんどくさいけど、社長も頼りないし、しゃあないから頑張ったろか」という気持ちになってもらうことです。

それにより当社では、平均年齢がどんどん下がってきました。価値観の変化もあり、特に若手は指示された業務でなく、自分で考えたことを仕事にしたいという人たちが増えました。自分の行為（行動）が会社の業績に結びつき、それがきちんと評価されたときに若手のエンゲージメントは上昇します。

Q. 「wevox」を導入されていかがですか。また、どのように活用されていますか。

A. 自社にとっても、とても良かったと思っています。オーナー企業は、自浄作用が働きにくいものです。経営に対する健全な提言すら社員は怖がりがちです。その点「wevox」は匿名性が担保されているため、耳の痛いコメントもしてくれます。私は自分への通知表の気分で、毎月のサーベイ結果を見ています。書かれたコメントには、すべて私のコメントを添えて管理職に見てもらっています。すぐに対応できないことも多いのですが、自身の言葉でコメントすることで、必ず社長も見てくれているんだな、という安堵感があるようです。

ところで利用開始から1年ほどして、「wevox」の閲覧権限を社長個人から管理職まで開放しました。数値観察から参画してもらうことで、チームへの関与への当事者意識が高まってきています。権限委譲と言うとかっこいいのですが、正直に言えばファミリー企業は何でもかんでも社長がひとりで背負い込みがち。それでは私が疲れ果てるので、管理職みんなで重しを背負いましょう、という意図もあります。

Q. 継続的にエンゲージメントを測定する秘訣はありますか。

A. 数値を観察する私としては、1カ月に一度の結果は楽しみですが、回答者側は次第に「面倒」な気分になるようです。その頃から自作の質問（カスタムサーベイ）を入れるようにしました。

フリーコメントは耳の痛い話やネガティブなコメントが目立つため、カスタムサーベイは「褒めてあげたい同僚は誰？」みたいなポジティブな回答にしかならないような設問にしています。やってみて1年がたつ頃には、「今月はこのチームは下がるな、上がるな」という予想がだいたい当たるようになりました。スコアが上がると素直にうれしいですし、下がれば反省してアクションせねばと焦ります。

あとは数値が低い理由について犯人さがしをしないということでしょう。会社のしくみや仕事のやり方をチーム全員で改善していく風土をつくっていくのが大切だと考えています。

Q．その他で気にされていることはありますか。

A．エンゲージメントスコア自体はあまり気にしていませんが、絶対値ですので先月より上がった、下がった、このチームとあのチームでは平均点にずいぶん差がある、などの相対的比較が容易です。この点、「wevox」は一目瞭然で時系列や属性比較のできるところがいいところです。

いずれにせよ、肝心なのはサーベイ後です。社員からすれば答えてみたものの会社が動かないというのが一番の落胆につながるので、そうならないように気をつけています。サーベイをやるなら、すぐに組織を動かせる権力者自身が、もしくは権力者を巻き込んでやったほうがいいでしょう。その点ファミリービジネスは意思決定が早いので、「wevox」はオーナー企業や中小企業に向いていると思います。

後は言葉遣いや表現も大切です。私の会社では社員の多くはカタカナアレルギーの人が多いためにエンゲージメントを「働きがい」、1on1を「面談」、サーベイを「調査、アンケート」などと必要に応じて言い換えています。日本の多くの同族系の幹部は欧米から入ってきた横文字を嫌う傾向にあります。そのため社員にとってできるだけ馴染みのある平易な言葉で伝えています。

（インタビュアー松林博文／インタビュイー福井基成）

ファミリービジネスとエンゲージメントの現状と今後

日本ではまだあまり研究実績はないのですが、欧米では2010年頃より「ファミリービジネスとエンゲージメント」の調査や研究が行なわれています。冒頭でも伝えましたが、欧米のリサーチで、同族系企業の方が非同族系企業よりも一般論（平均値）から言うと、エンゲージメントは高いというのが結論です。

同族企業の方が長寿であり、利益率も高いという傾向があるので、この結論にはまったく違和感がありません。いくつかの論文では、同族企業の方がエンゲージメントが高い理由として、

①長期的視点で経営がされている。
②収益だけではなく社員との良好な関係性を重視している。
③社会、地域貢献という意識が高い。

などが挙げられています。一方、同族の中でのいざこざ、いわゆるお家騒動があると家族メンバー同士の関係性（ファミリーエンゲージメント）が低下し、企業全体のエンゲージメントも低下するリスクもあります。日本でも昨年より複数社のファミリービジネスのエンゲージメントを測定しはじめており、数値の傾向性や非同族企業との比較が行えるようになっています。

ファミリービジネスは、同族企業ならではの強みをしっかりと認識することで、よりエンゲージメントを高めることができると確信しています。さらに、非同族企業も同族企業の高エンゲージメントの背景や理由を学び、それを自社に適応することが大切です。今後、あらゆる企業に理念を共有した「拡張家族」という側面が、重要になっていくことは明らかです。

松林 博文

経営姿勢　アトツギに遠慮せず「継いでくれ」と言おう

現在の日本は、事業承継がむずかしい時代と言われ、休廃業・解散する会社[2]が増加しています。現在では、年間4万社以上が休廃業・解散に追い込まれていて、昨年は減少しましたが、経営者の高齢化や後継者不足から、引き続き高い水準となっています[3]。驚くべきことに、そのうちの60％以上が黒字経営だということです[4]。

なぜ、黒字なのに会社を閉じなければいけないのでしょうか？　私は20年以上、銀行員として多くの中小企業を担当してきましたが、その経験から、2つの理由を考えています。

1つ目は、経営者の姿勢、2つ目は、中小企業に対する税の厳しさです。大きく分けてこの2つが、事業承継をむずかしくしていると思っています。以下、くわしく述べていきます。

なぜ、日本では事業承継が進まないのか

理由①　経営者の姿勢が弱気

休廃業・解散する理由として最も多いのは、アトツギが見つからなかったということです。いままで経営者として懸命に働いてきたものの、自分が病気になり後進の者を探そうと思ったら、適当な人が見つからず、廃業に追い込まれる、という事例が多いのです。

しかし、これは周囲に適当な人がいなかったのではなく、アトツギを育ててこなかったという経営者

自身の姿勢に問題があったのではないでしょうか。経営者は、「自分の事業に対して誇りを持っている経営者、自信を持っている経営者」と「自分の事業に対して卑屈になっている経営者、自信を持てない経営者」に分かれるように感じます。経験上、圧倒的に後者が多いですが、彼らの共通点は、「中小零細だから」「うちの会社なんてたいしたことはない」などが口癖となっています。

こうした事業に自信を持っていない経営者ほど、承継を軽く見ている人が多いように思われます。「いずれ、子どもたちが、継ぎたいと言ってくれるだろう」と楽観的なのです。経営者として楽観さも必要ですが、事業承継に限定すれば、自分がアプローチしなくても、息子や娘から申し出てくれるだろうと思っているのは問題です。

私が以前に担当していた中小企業の話です。あるとき社長が、

「妻が、『子どもたちをあなたの会社に入れるのは反対です。中小企業には将来性もない。大会社と違って中小企業は苦労が絶えないでしょう？　子どもたちが、プロ野球の選手でも、Ｊリーグの選手を目指すのでもいい。でも、この会社だけは継がせない』と言うんです。まあ、妻が言うことも理解できますし、正面から否定するわけにもいかないので、いまのところ何も反論していません。でも、いずれ子どもらが大きくなったときには、自然と自分たちの立場をわかってくれて継いでくれると思うんです」

と、心のうちを話してくれました。この類の話は実によく耳にするのですが、印象としては家族の思いがひとつになっておらず、バラバラということです。小さい頃から、素直に母親の話ばかりを聞いていたら、子どもは父親の仕事を継ぎたいとは言わないでしょう。このような状況下では事業承継などができるはずがありません。

ここ数年、増加している廃業するケースを細部まで見てみると、次世代を担うアトツギ候補に対して、

一枚岩となって真剣に向き合い話をする親世代が少ないことに驚かされます。一般的に、格差がある状態で、平等の考えが持ち込まれると、格差が固定化されてしまいます。どういうことかと言えば、平等主義は、すべての人間が平等の能力を持って生まれてくると反射的に理解しています。そこで、結果の違いが生じると、「努力の差」「行いの差」「やる気の差」、ひどい場合には「人格の差」などに結びつけてしまいます。

京都大学教授の河合隼男氏は、この差のことを「一様序列性」と呼んでいます。ひとつの軸に対して、自分をランク付けすると言えばわかりやすいでしょうか。河合氏は、「平等信仰と一様序列性が結びつくとき、実に多くの人に、みじめさや劣等感コンプレックスを持たせることになる」としています。(5)どうしても、人を「学歴」「社会的地位」「年収」などで判断しがちです。バブルの頃は、3高（高学歴、高身長、高収入）がもてはやされていました。また、偏差値教育はいまでも盛んですが、問題なのは、ひとつの軸で自分と他者とを比較し、勝手に自分をランキングして、自分の優劣を決めてしまうことです。それによって、自分の中にヒエラルキーを形成し、他者と比べては一喜一憂する人生がはじまるわけです。

この病理が多くの現代人、とりわけ中小企業経営者に影響を与えていると思っています。自分の事業に自信が持てないのは、規模が小さい、中小企業だからという理由だけでなく、この病理の影響を受けていることに気づくことが必要です。

理由② 税の問題

それに加えて私は日本の税制にも問題があると思っています。「相続税・贈与税」です。この相続税・

贈与税が日本の場合、少なからず事業承継に大きな影響を与えているのです（図表5-6）。

話は少し脱線しますが、そもそも日本の税は、中小企業やとりわけ同族企業に対しては、非常に厳しい姿勢で臨んできました。「行為計算否認規定」というものがあって、基本的には、「同族会社は、家族との間で資金を融通しがちで恣意性が働くから、申告書は、税務署長が書き換えて構わない」というものです。しかもこの規定は、法人税、所得税、相続税、地方税などに網羅的に存在します。相当、乱暴な課税処分が行われる危険性があると言えます。

本来はクライアントの立場に立つべき税理士も、「同族会社というのは、恣意性の働きやすい時代遅れの経営」と思っています。日本の税制度は同族企業を信頼しておらず、いまだに「ずるをしがちな経営形態とみなしているのが現実です。

本題に戻ると、「相続税・贈与税」の問題点は以下の通りです。通常、税金は、その人の「担税力」というのを考えて、組み立てています。担税力とは、簡単に言うと「税金の支払能力」のことです。たとえば、消費税であれば、「たくさん消費できる人は、たくさん税負担もできるでしょう」という考え方です。税収の中でも大きな割合を占める所得税は、その人の所得を10種類の所得区分に分けて、それぞれ実額控除したり、概算控除したり、課税時に2分の1にしたりします。なぜ、このようなことをするかと言えば、すべて担税力を考慮した結果です。

一時的な収入と給与所得のように安定した収入は、同じ金額だとしても、税の支払能力は異なると考えるため計算が変わってきます。また、資産性の収入と労働性の収入も、同じような理由で税の計算が変わります。

そう考えたとき、「相続税や贈与税」はどうでしょうか。少し古いデータですが図表5-6を見てくだ

図版5−6

中小企業の事業承継の実態

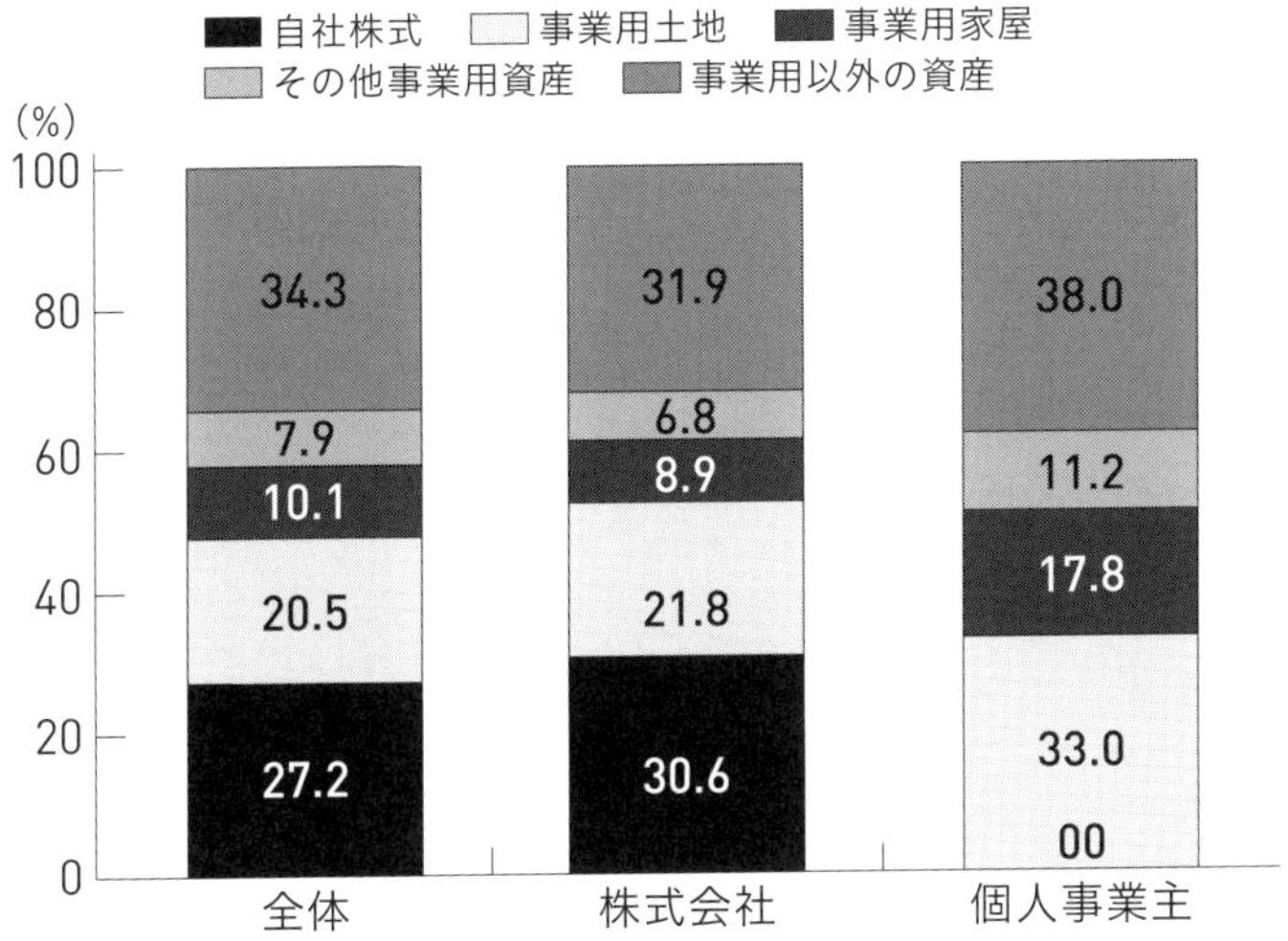

資料：中小企業庁「中小企業の事業承継の実態に関するアンケート調査」(2006年10月)

さい。オーナーの資産のうち、最も大きな割合を占めるのは、その企業の株式です。だいたい30％になります。

オーナーから非上場株式を受け取る人は、担税力があると言えるでしょうか。非上場株式は、もちろん経営権と一体ですから、5億円の価値があると言われたとしても、どこかに売れるマーケットがあるわけではありません。売るときは、経営を手放すときです。所得税が所得区分や所得控除など担税力を細かく見ている一方で、相続税は、まったくそのような配慮がありません。最近になって、事業承継税制がはじまりましたが、制約も依然と多く、それほど利用が増えていません。

諸外国を見れば、相続税のない国のほうが多いと言えます。また、アメリカは、相続税があると言っても、控除額が約6億円ですから、事業承継にかかる税の問題は重くありません。ドイツやフランスにしても、そもそも日本の相続税は、1904年（明治37年）2月に開始された日露戦争の戦費調達として導入されたのがはじまりです。そのときの帝国議会資料（第21回帝国議会）では、戦局も鑑みて「まず、一時非常特別税として通過」させたいとあります。ドタバタの中で、導入された様子がわかります。こう考えると相続税は、理論的立脚があいまいであることは、比較法的にも歴史的にも明白です。

とは言え、一旦導入された相続税は、110年以上経ても存在しており、多くの影響を与えています。その悪影響のひとつが、事業承継のイベント化です。それまで汗水流して一生懸命、顧客のため、自社のため、社員のために頑張り、企業価値向上に努力してきたのに、企業価値を上げれば上げるほど社長が所有する、売るに売れない株式の評価額が高まり、株式を引き継ぐ者は税負担に恐れおののくことになります。

その株価を引き下げるために、本業とは関係のないことに頭を悩ませなくてはならなくなります。本業の流れに急ブレーキをかけています。この時期だけは資本の毀損が奨励されます。こんなムダなことがあるでしょうか。今後、どのような税体系が好ましいか、みんなで考える必要があると思います。税法は絶対的なものではありません。一人ひとりの意見により、変わっていきます。ひとりでも現在のあり方に対して新しい目線を持つことです。

日本で事業承継が進まない理由を、①心理的な面と、②税の面から整理しました。平等主義に基づく一様序列性の浸透が、多くの人を不幸にしています。また、中小企業に厳しい税体系のために、本業とはかけ離れた対策に頭を悩ませています。

事業承継をむずかしくする壁が、私たちの前に立ちはだかっていますが、忘れてはならないのは経営者の志・思いは、とても強力で困難を打ち破る力があるということです。日本は、世界一の長寿企業大国です。周りには、多くの知恵・知見を持った人が必ずいます。いまをどう乗り切るか、将来をどう変えていくべきか、一緒に考えていきたいものです。

自分の人生に悔いを残さず、無念さを残さないためには、自社の事業に自信を持つことは一番大切です。さらに、少しでも会社を存続させたい気持ちがあるのなら、堂々と、遠慮せずアトツギに「継いでくれ」と言いましょう。アトツギもその言葉を待っています。事業承継のスタートは、ここからはじまります。

藤原健一

株式承継

「事業承継税制」と「株式承継施策」の上手な進め方

ここでは税理士の立場から事業承継に関するお話をしたいと思います。

税理士としての私に対する事業承継の相談は、「オーナーの所有する株式をどう後継者に移転するのか（株価引下げ手法、後継者の議決権確保策、他の相続人との財産分割の不満解消策）といった財産承継に関する相談が中心となります。このような相談に対する必要な視点は、自社株式の移転策としていかに税コストが少ない施策を提案できるかといった金銭的な有利性の追求という視点に加え、自社株式の移転にともなう経営権の移転に対する準備についてどう考えるのか、つまりは「経営承継の視点」が重要です。

そもそもファミリービジネスの事業承継問題への対応は、ここまで何度も説明してきた3円モデルと呼ばれる、ファミリー、オーナーシップ、ビジネスの性格の異なる3つのサブシステムをひとつのシステムとしてとらえ、全体最適を図ることです。その全体最適についても一時点だけではなく、状況の変化（結婚、出産、死亡といった事由による登場人物の状況の変化）に合わせ、極力、永続的に全体最適を試み、かつ、試み続ける必要性があるというむずかしい対応が必要となります。

「財産権」と「経営権」の権利主張で起こる株式承継問題

株式承継問題のイメージは、どのようなものでしょうか。私がまず頭に浮かぶのはいわゆる「お家騒動」と言われるような親族間で会社の所有権争いで骨肉の争いに発展するケースです。新聞や週刊誌で「お家騒動」という見出しを見るのもそれほど珍しくもなく、ましてニュースにもなっていないものの親族間でくすぶり続けているケースは、いくらでもあると考えます。

株式承継問題の原因は、株式が「財産権」と「経営権」の2つの権利を内包するものであることから問題を複雑にしているとも言えます。つまり、株式承継も株式の財産権に着目し、財産は平等に分配するといった考えで株式承継を進めると、経営権も同時に平等に承継されることになり、後継者に必要な経営権の集約ができなくなる可能性が生じます。

均分相続を原則とする民法の考えを前提とするいわゆる「遺留分問題」と、議決権割合で会社の意思決定を決議する「会社法の考え方」のバランスをとる必要があると言えます。

原則的には経営権が経営に関与しないものに承継されることは、そのことから生じるリスク対応を考えるべきです。もし、必要な施策がとれない場合には、オススメすることができません。経営権の承継は本来、経営にふさわしい経営能力などさまざまな調整能力を持った人が、経営判断を円滑に行うために、必要な議決権を確保できるようにすることが前提となるからです（ちなみに、株式が持つ財産権と経営権を分離する手法をとれる制度として、種類株式や信託といった制度もあります）。

ファミリービジネスの株式承継問題は、ビジネスの承継の観点以外にも財産承継といった相続からの観点も複雑に絡みます。

株式承継についてトラブルになるケースはもちろん、後継者に株式が集中され、相続で不平等と感じる後継者以外の相続人は、相続時にはおとなしくしていても、心の中で不平等感を持っているケースは、むしろ一般的という印象です。まずは、株式承継問題の本質を理解するとともに、ファミリーの感情にも配慮しながら、問題に対応する必要性を認識することです。

会社の経営権は、議決権割合の大きさにより決定されます（特別決議3分の2以上、普通決議2分の1超が必要）。経営者および後継者を合わせて特別決議が可能な議決権割合3分の2以上の所有をすべきと考えます。しかし、そこまで議決権をとれないケースも多いようです。

まずは、議決権割合3分の2を所有するための施策を検討すべきでしょう。必要な決議内容が必要な議決権数を確保できず経営に支障をきたすケースや少数株主であっても行使できる権利（少数株主権）があることから、たとえば、会社の帳簿閲覧権のような経営に嫌がらせのようなことができるのが株式の権利です。そのような他者の権利も理解したうえで、そのファミリービジネスにとって望ましい株主構成を考えること、そして、その実現のために納得性のある施策を準備することが「お家騒動」のような問題を極力、回避する方法です。

この点を踏まえたうえで、株式承継問題のアドバイザーとしてどのような人に依頼し、どのような進め方を期待したいのかを考えてみましょう。株式承継のアドバイザーとして、みなさんが思い浮かぶのはどんな人でしょうか。相談のレベルにもよりますが、身近な例で言えば、経営者仲間や取引銀行、顧問税理士といった方が思い浮かびそうです。

株式が議決権と財産権を合わせ持つものであるため、具体的な株式承継施策の検討にあたっては、法務・税務分野の専門家の検証は不可欠です。まして近年の会社法や信託法の改正、事業承継税制をはじめとした税制の整備なども進み、会社にとって選択可能な施策は多岐にわたります。もちろん、それらすべてに精通する必要はないかもしれませんが、後悔のない株式承継施策をとるためには取りうる施策の検証を可能な限り、行なっておきたいものです。

また、検証の過程で選択しないことを決めた施策も、そのファミリービジネスのファミリーやビジネスの状況の変化から再び検討すべき施策となる可能性は少なくないと感じます。つまり、多岐にわたる株式承継の施策から、そのファミリービジネスにとって納得感のある施策を選択でき、その選択した施策の効果の検証および状況の変化に対応できるように準備することは、可能な限り行うべきでしょう。そのためには、経験が豊富な専門家のサポートは一層重要となります。ですから、株式承継のアドバイザーには、一定の法務・税務の専門的知識の所有は必須と考えます。

一方で専門家もさまざまなので、まずはオーナーや後継者がたくさんの人に会い、信頼感のおける専門家を探すことです。性格が合うのかといった人柄の問題も大事なポイントかもしれませんが、個人的には、今後の見えていないリスクを顕在化させ、気づかせられる能力のある専門家、一緒になって問題に向かえる専門家、時に耳に痛いこともきちんと言える専門家であるかということも、必要な判断基準だと感じます。

施策検討と施策の効果を判断し、その後の必要な変化への対応を図るためには、基本的に長期のかかわり合いが必要となります。また、施策は基本的に見えない未来を予測しつつ可能な限りの検証を行い、想定される状況で後悔のない選択を行うことです。状況の変化は必ず起こりますし、その変化に対応していく対応力も必要なのです。

株主承継に重要な施策「事業承継税制」

株式承継にかかる重要な施策のひとつとして、いわゆる事業承継税制があります。事業承継税制は、株式承継施策導入時の関心の高いトピックスです。ここでは事業承継税制から株式承継施策をどう進めていくかを考えていくことにします。

この制度は株式承継にかかる税金の納税猶予、そして免除を定めます。事業の永続性を条件として承継にかかる税コストに大きなメリットがある制度で、特に株価の高いファミリービジネスにとっては利用の是非はともかく、必ず選択についての検証を行うべき制度でしょう。また、平成21年度の税制改正で導入されたこの制度もその後、改正が続き、２０１８年（平成30年）度の税制改正で特例納税猶予制度が創設され、一層メリットがある大きな制度となりました。

たとえば、特例納税制度では猶予の対象株式が一般納税制度の従来の3分の2までから全株式へ、猶予割合も相続の場合80～１００％へ、承継後、5年間は平均8割の維持が必要だった雇用確保要件も実質的になくなったとも言える内容です。

ただし、この制度の利用のためには、特例承継計画という事業承継計画書を２０２６年（令和8年）

3月31日までに提出し、2027年（令和9年）12月31日までに贈与および相続により事業承継を行う必要があります（制度の利用を考える場合は、計画書の提出期限が近づいているので早期の対応が必要）。

この制度を利用するためには、先代経営者は代表取締役の地位および議決権を後継者への承継させる必要があります。つまり、強制的な事業承継を求めていて、その期限も定められているのです。

ちなみに特例承継計画は「施行規則第17条第2項による確認申請書　様式第21」（図表5-7）となり、都道府県知事宛に提出、記載事項する内容は次のとおりです。

①会社について……主たる事業内容、資本金額又は出資の総額、常時使用する従業員数。
②特例代表者（申請時の代表者）について……氏名、代表権の有無。
③特例後継者（後継候補者）について……氏名。
④特例代表者が有する株式等を特例後継者が取得するまでの期間における経営の計画について……株式を承継する時期（予定）、当該時期までの経営上の課題、当該課題への対応。
⑤特例後継者が株式等を承継した後5年間の経営計画……5年間のうち1年ごとの具体的な実施内容。

また、別紙として認定経営革新等支援機関による所見を準備します。

特例承継計画の作成自体は非常に簡単なものと言えますが、企業の存続を前提としていることを忘れてはいけません。そもそも利用にあたって検討すべき事項は何かを簡単に記載してみます。

①「既存ビジネスの将来性」の問題……残すべき価値あるビジネスなのか。

図表5－7

特例承継計画「確認申請書」

様式第21

中小企業における経営の承継の円滑化に関する法律施行規則第17条第2項の規定による
確認申請書
（特例承継計画）

年　月　日

都道府県知事　殿

郵便番号
会社所在地
会社名
電話番号
代表者の氏名

中小企業における経営の承継の円滑化に関する法律施行規則（以下「施行規則」という。）第17条第1項第1号の確認を受けたいので、下記のとおり申請します。

記

1　会社について

主たる事業内容	
資本金額又は出資の総額	円
常時使用する従業員の数	人

2　特例代表者について

特例代表者の氏名	
代表権の有無	□有　□無（退任日　年　月　日）

3　特例後継者について

特例後継者の氏名（1）	
特例後継者の氏名（2）	
特例後継者の氏名（3）	

中小企業庁HP（法人版事業承継税制<特例措置>の前提となる認定に関する申請手続関係書類）より一部抜粋

図表5－7

特例承継計画「確認申請書（続き）」

4　特例代表者が有する株式等を特例後継者が取得するまでの期間における経営の計画について

株式を承継する時期（予定）	年　月　～　　年　月
当該時期までの経営上の課題	
当該課題への対応	

5　特例後継者が株式等を承継した後５年間の経営計画

実施時期	具体的な実施内容
１年目	
２年目	
３年目	
４年目	
５年目	

②「後継者の能力」の問題……後継者教育は十分か。後継者に代表権を渡しても事業をやっていけるのか。

③「経営者の仕事観」の問題……期限までに代表権を譲ることが会社運営のタイミングとして適切なのか、また、そもそも自分は代表権をゆずれるのか。

④「猶予税額が免除となる期間が長期間」となる問題……相続税の免除までは、孫世代の承継までかかることを考慮にいれているか。

⑤「遺言作成」に関する問題……相続税の納税猶予利用のためには相続開始から8カ月以内に遺産分割協議をまとめる必要があり、遺言書の作成が推奨されるが準備できるか。

⑥「施策選択」に関する問題……納税猶予ありきで進めるべきではなく、しっかりと検討し、納得して選択しているか。

確かに特例承継計画の作成のハードルは高くないかもしれませんが、事業承継税制の利用にあたって検証すべき事項はたくさんあることがわかります。

では、具体的にどう進めたらいいのでしょうか。

一例としては、ビジネスの中長期経営計画と株式承継計画の立案、必要に合わせて後継者の育成計画と先代経営者の財産承継計画（遺言書を含む）の作成を行うこと。そして、それらの計画の定期的な進捗確認と必要な施策の見直し変更などを行うことが有効な施策です。

計画立案や検証作業を行なっていない場合、まずはやってみることです。簡単な計画しか作成できなくても、繰り返し経験を積むことでかなり魂が入ったものに変化していきます。計画を作成した後は、経営計画の進捗会議、株式承継計画の施策検討、効果検証などの会議、後継者育成計画の進捗会議、財産承継計画の確認、必要施策の見直し会議、などの開催をします。

計画はつくったら終わりではありません。定期的な検証を行うことで実行の精度を高めることになります。アドバイザーには、第三者の視点から客観的な意見を述べてもらったり、検証してもらうようにしましょう。

株式承継計画や後継者の育成計画、財産承継計画といった社長と後継者の関係、親と子どもの関係といったビジネスとファミリーの両方の側面を持つ当事者間では話し合いが感情的になるケースがよくあります。アドバイザーには、ぜひともこの場への立ち合いをお願いし、客観的な意見を述べてもらうようにしたいものです。

特に株式承継アドバイザーは、株式承継にかかる法務税務といった専門知識にくわしく、最新情報を継続的に学んでいることを前提としています。ファミリービジネスの特性を理解し、2世代、3世代先の未来がビジネス面やファミリー面にどう影響していくのかを予測し、そのファミリービジネスと一緒に承継計画を検討できる存在が理想ではないでしょうか。

それぞれのファミリービジネスが、自分たちにあったアドザイサーに出会い、後悔のない株式承継を進めることが大事と考えます。

女ケ沢亘

第三者承継

第三者に経営を委ねることで事業と社員を守るM&A

アトツギ株主承継について理解していただいたところで、本書の最後はファミリーメンバー以外に会社を承継するお話をしたいと思います。

ここ数年、第三者承継としてのM&Aへのニーズが非常に高まっています。実際、日本のM&Aの件数は、2019年には4088件（レコフ調べ）となり、数年にわたり増加傾向をたどり、過去最高の件数となりました。その大半は事業承継の後継者難にともなう第三者承継のM&Aとみられています。

後継者がいない中小企業の経営者が、誰かに事業を承継させたいと思ったとき、M&Aは非常に重要な選択肢であり、ぜひとも成功させたいと願うものです。しかし、いままで一度も経験したことがないためどのように進めたらよいのか、まったくわからないというケースが多々あります。

そんなニーズを受け、事業承継のM&Aを支援するための専門家としてM&A仲介会社が増加しています。また、個人でM&Aアドバイザーと称してサポートを行なっている人も急増しています。ただ、残念なのは、彼らが仲介のフィーを稼ぐための道具としてM&Aを使っているケースも少なくないのが現実です。

このような状況下、中小企業庁では、2020年3月に「中小M&Aガイドライン」を策定、公表し、M&A業者などに対して行動指針を提示しました。これも踏まえつつ、企業経営者はどのようにM&Aを考えていくべきなのか。また、そのサポートをしてくれる適切なM&Aアドバイザーの選び方などについて整理していきます。

譲渡側の経営者がM&Aで陥る苦い経験

M&Aがうまくいかず、経営者が苦労するケースが多くあります。「中小企業M&Aガイドライン」に記載されている事例、また、私が実際に経営者から聞いた事例などからいくつか挙げると、以下のとおりです。

・交渉完了直前に、銀行から想定を上回る手数料を請求された。最終的には請求額の半額で折り合い、破談は逃れたが、経営者は「手数料負担が障壁となって、M&Aを躊躇する企業があるのではないか」と不安視している。

・業者から示された企業価値は明らかに低く、自社の正当な価値がわからないままプロセスが進んでしまった。業者は効率性を最優先しているように感じた。

・DD（基本合意後の詳細調査）に基づいた正式な譲渡価格は、当初合意していた価格と比べて大幅な減額だった。不満を伝えたところ、「評価に反論する場合は、最悪、損害賠償請求を受ける可能性がある」と言われ、泣く泣く契約書にサインをすることになった。

・同業の大手企業への譲渡なので譲渡後の心配はないものと考えていたが、実際には譲渡後の役員派遣などは、「人員に余裕がないのでできない」とクロージング後になって言われ、譲渡したのに引き続き社員の対応を全部、自分がやっている。こんなことになるなら譲渡する意味が全然なかった。アドバイザーは譲渡後のことには、まったく相談にのってくれない。

・アドバイザーに払う手数料が高すぎる。しかも両サイド（売り手側と買い手側）から取っていて、合わせると10％ものフィーになるというのはおかしいのではないか。それだけの仕事をやってくれるなら良いが、実際には両社の顔合わせをして、「あとはお互いにやってください」という程度。
・業者が価格のことにしか興味がない。いままで経営してきた会社への思いをしっかり継いでもらいたいと思っているのに、そのようなことには関心がまったくなく、「いくらで売れますよ」ということしか言ってこない。

「ここだけは譲れない条件」をオーナーとして明らかにせよ

一般的なM＆Aの進め方のプロセスは、図表5-8に記載したとおりです。ここでは特に後継者難にともなう第三者承継としてのM＆Aを売り手である現経営者側が主体的にアクションを取るケースを想定しています。また、その際、M＆Aアドバイザーは、両社の仲介者としての機能を果たすことを前提とした姿で描いています。

前述のようなさまざまな問題が起きてしまうのは、往々にしてこのM＆Aアドバイザーが、両者に信頼される「Trusted Advisor」としての責任をまっとうしておらず、その結果、売り手である企業経営者、買い手となる企業に不満を感じさせることになってしまったものと言えるでしょう。

特に最近のように、M＆A業務を営む会社が急増している（レコフ調べによれば、2010年には188社だったものが、2019年には313社）中、M＆Aアドバイザーと称しつつ、十分な経験を積んでいないM＆Aアドバイザーが跋扈《ばっこ》していることにも、大きな原因があると言わざるを得ません。先日も「M＆Aを簡単に仕事にできます」というネット広告を見て、唖然としてしまいました。

図表5－8

M&Aのプロセス

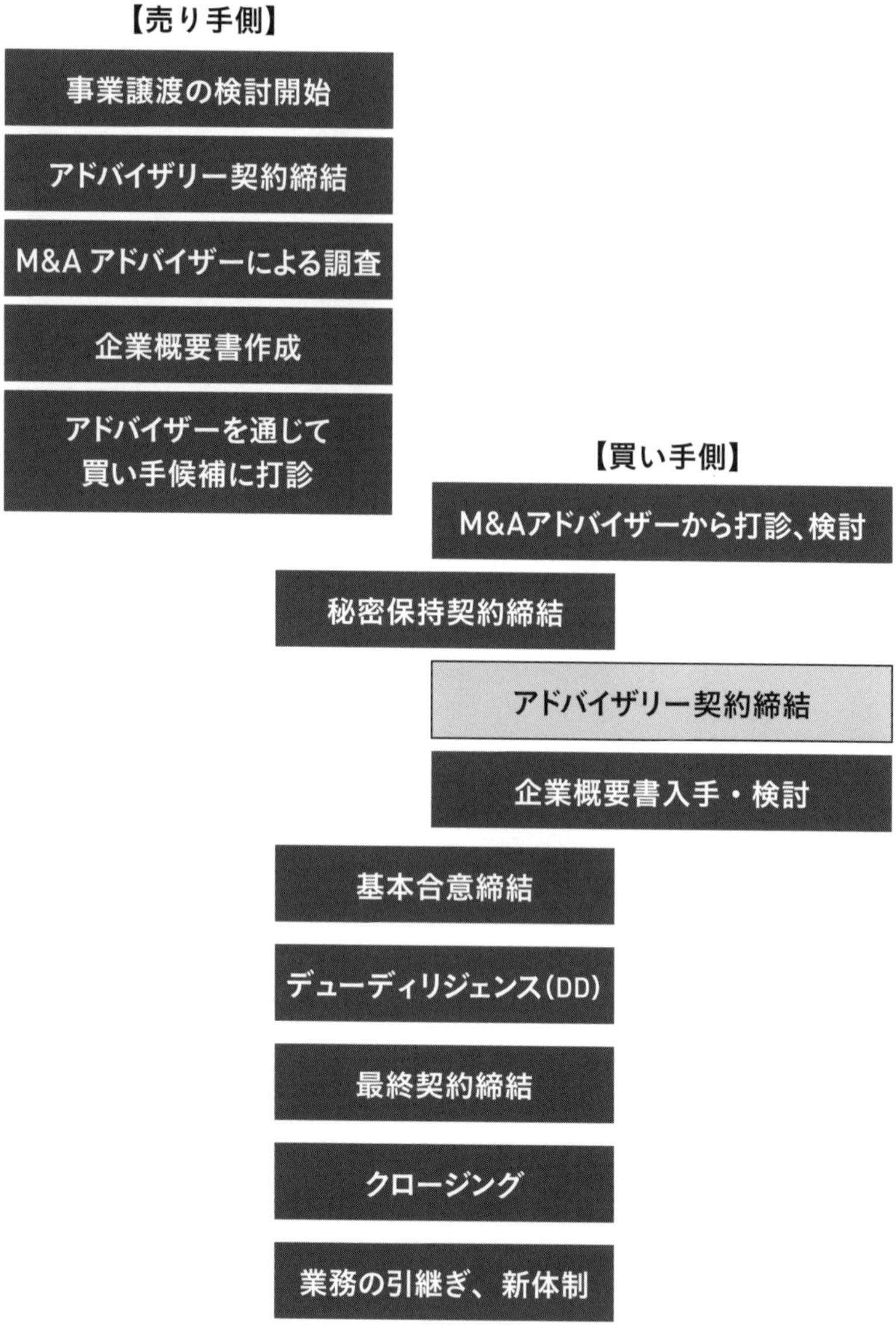

小林博之作成

事業承継にともなうM&Aを行う機会は、現オーナーとしては一生に1回のことかもしれません。しかし、すべてをM&A仲介業者に任せるのではなく、まずは根本的なところは自身の考えを明確に持つことが必要です。

これがない中でM&Aアドバイザーと話をしても、M&Aアドバイザーの言葉をうのみにしてしまい、後悔することになりかねません。そこでオーナーとして、自分の考えをしっかり持つために必要な心構えをまとめると、大きく以下の3点になります。

①オーナーとしての優先順位

オーナーとして何を優先するのか、ということです。いままで会社を経営するうえで大切にされてきたものはいくつもあると思います。それを新しいオーナーに継承してもらいたいのか、それとも変えるべきものはどんどん変えていくことを期待するのか。

地元の顧客との関係、現在の取引条件を維持することを前提に考えるのか。製品の値上げや仕入れの割引などアグレッシブにやることで一部関係が悪化してでも、収益性を改善するアクションを取ることを許容するのか。従業員の雇用維持を何よりも大切に考えるのか、譲渡価格が高く払われるのであれば、ある程度の従業員の人員削減はやむを得ないと考えるのか。

いろいろな価値観がせめぎ合うところです。ここをM&Aアドバイザーに任せてはいけません。M&Aアドバイザーは基本的に譲渡価格が高いと成功報酬も高くなります。それによって譲渡価格が高い方がオーナーは喜ぶだろうというふうに考えていることが多いからです。ですから、オーナー自身が譲れないもの、重要度の高いものは、明確に示すことが、とても大事になってくるのです。

②譲渡価格についての考え方

譲渡価格の目途も、交渉に入る前にイメージを持っておくことが求められます。事業承継M&Aの場合、時価純資産評価をベースに検討されることが多く、「そういうものか」と思いがちですが、長年事業を行なってきて、さまざまな信用を積み上げてきている老舗企業には、貸借対照表に載ってこない無形の価値（第1章の21ページ参照）があります。また、この計算方法ではキャッシュフローを生み出す力が十分に評価されない可能性もあります。

「適正」価格とは何なのか、常にオーナーとしては考えておきたいところでしょう。一方で、譲渡価格は、譲渡後（引退後）の資金としてどれだけ確保しておかなくてはいけないか、というボトムラインからも考える必要があるのです。

③譲渡後の円滑な引継ぎ

M&Aで譲渡が行われたあとの引継ぎは、非常に重要です。譲渡後のマネジメント（Post-M&A Integration／PMI（M&Aをしたあとに、その統合効果を最大化するためのプロセス）がM&Aの成否を決めると言っても過言ではありません。実はM&Aアドバイザーは、M&Aが終わったあとはサポートしてくれないところが大半です。

譲渡後は自分たちで行うことになります。その場合に備えて、譲渡後の引継ぎは、どのように進めるのか。譲渡したあともオーナーが数年は顧問、相談役などのかたちでサポートするのか。事前に、こうしたことに関して自身の考え方も整理しておくことです。

いままで長年にわたり、自分のすべてを注いで育ててきた会社を他の人に委ねていく企業経営者であるみなさんの気持ちはどのようなものなのでしょうか。

経営者にとってのアドバイザーの選び方

お客様、従業員、地域社会への責任をまっとうし、企業経営者の気持ちに寄り添い、譲渡する会社、その株式を単なる「もの」として扱うのではなく、「人の有機的集合体」としての会社の譲渡を成し遂げるためには、専門知識を持つM＆Aアドバイザー選びは大切です。

では、それに値するのはどのような人であるべきか、次に挙げたいと思います。

①企業経営者の思いへの適切な理解、品格と人格

企業経営者の長年の努力に敬意を表し、その思いを十分に理解する姿勢、すなわち「企業経営者の思いに寄り添ってくれるM＆Aアドバイザーなのかをまずは判断します。お互いが高いレベルで信頼関係が構築できること、品格と人格がある「Trusted Advisor」なのかを見極めることです。

②事業内容、顧客、従業員、技術などに関する十分な理解

品格、人格があっても、それだけではM＆Aを進めるには十分ではありません。会社の強みはどこにあるのか、技術力、顧客関係などに至るまで十分理解してもらうことは必要です。そのためには事業の内容を理解し、業界動向、顧客、仕入先との力関係、今後の事業環境の変化の可能性、ポテンシャルをどのように今後、活かしていける可能性があるか、などを十分リサーチして分析し、アドバイスしてもらえるのかを話し合います。

③幅広い譲受希望企業の情報・アプローチ

買い手候補となる企業を幅広い選択肢から考えることができる情報を集めることが必要です。M&Aアドバイザーが知っている1社に何とかしてその会社に売ろうとして努力してくれているとしても、それが売り手側の会社にとって、ベストな選択肢なのかどうかはわかりません。

買い手のニーズがある企業に幅広くアプローチすることができる。あるいは、M&Aプラットフォームなどを活用して幅広い候補の中から最高の選択肢を用意できることも、アドバイザーの重要な責任でもあります。こうした視点から「どのような質の情報提供をしてくれるのか」をヒアリングします。

④企業経営者の側に立ってくれているのか

M&Aアドバイザーに必要とされるのは、交渉代理人としての「忠実義務」です。ですから、経営者であるみなさんの思いを尊重してくれているのか、そこは重要なチェックポイントです。自分にとっての利害を優先し、委託者である売り手企業経営者の思いをないがしろにするようなアドバイザーは、失格だと考えたほうがよさそうです。

⑤譲渡後まで見守ってくれる伴走者

企業経営者にとっては、株式譲渡が終わりではなく、そのあとの引継ぎが円滑に進み、新しいオーナーのもとで従業員が元気に活躍してくれるのを見ることが最大の喜びです。しかし、M&Aアドバイザーによっては株式譲渡が終わったらそのあとのことは知らない、というケースも残念ながら少なくありません。

何かあったときには相談に乗ってもらえるようにするのはもちろんのこと、場合によってはＰＭＩをうまく進められるような専門家を別途紹介してもらえるような懐の深さのあるアドバイザーとつきあいたいものです。

⑥アドバイザーは１人だけではない

Ｍ＆Ａアドバイザーは、他のアドバイザーが並行して案件を持ち替わったりしないように、専属契約を締結しようとするのが通例です。ですからＭ＆Ａアドバイザーとして誰にお願いするかはよく吟味して、何社にも会ってみて、そのうえで決めても良いと思います。たまたま営業の電話がかかってきたからその会社にお願いするのではなくて、その会社が本当に売り手にとってベストな選択肢なのか、吟味することが必要です。

また、案件が進んでいる中で、何か疑問に思うことがあれば、別のＭ＆Ａアドバイザーに「セカンドオピニオン」を求め、考えてみることも大事。前述の中小企業庁の「中小Ｍ＆Ａガイドライン」でも言及されています。

第三者承継は、「自分にとって手塩にかけて育てたかわいい娘を嫁に出すようなもの」とも表現されます。企業経営者においては、適切な仲介者を選び、「最幸の結婚」ができるようにやるべきことをやり尽くすことです。「自分はよくわからないから専門家にまかせよう」というスタンスでは必ず失敗し、後悔します。

経営者とＭ＆Ａアドバイザーの間には、「信頼と尊敬の念」が求められます。それによって、「最高の業務が完遂」するのです。ぜひ、そのような信頼関係を構築できるアドバイザーを慎重に選んでいただけることを願います。

小林博之

永続的な経営 創業者とアトツギの経営スタイルの違いを知る

（1）「FBM®」は商標登録第6195099号、「ファミリービジネスマネジメントコンサルタント®」は商標登録第5983317号に登録。

経営姿勢 アトツギに遠慮せず「継いでくれ」と言おう

（2）中小企業庁「2020年版『中小企業白書』」。https://www.chusho.meti.go.jp/pamflet/hakusyo/2020/PDF/chusho/03Hakusyo_part1_chap3_web.pdf（最終確認日：2020年10月30日）休廃業・解散の定義については、中小企業庁・前掲注（1）134頁参照。休廃業とは、特段の手続きをとらず、資産が負債を上回る資産超過状態で事業を停止すること。解散とは、事業を停止し、企業の法人格を消滅させるために必要な清算手続きに入った状態になること。基本的には、資産超過状態だが、解散後に債務超過状態であることが判明し、倒産として再集計されることもある。

（3）中小企業庁・前掲注（1）134頁

（4）中小企業庁・前掲注（1）138頁

（5）河合隼雄（1987）『母性社会日本社会の病理』（講談社+α文庫）講談社

おわりに　いま、経営している会社は「未来からの預かりもの」

「会社は株主のものだ」という言い切りが流行った時期がありました。そう言ってドライに会社をもののように扱う風潮はその頃から続いているように思います。近年ではM&Aを推奨する業者が、雨後の筍のように増えています。

「未来からの預かりもの」として経営されている、一つひとつの会社の歴史には、そう簡単には割り切れない、多くの人たちの思いが乗っかっています。そもそも、ファミリービジネスにとって、なくすことができない厳然と存在している家族の要素を、企業経営から排除しようと見て見ぬ振りをしてきたのが近年、限界にきたように思います。「機能的な集団としての企業に、家族臭を持ち込むことは良くない」といういままでの建前論は正しかったのでしょうか。

ファミリービジネスマネージメントの3要素であるファミリー、オーナーシップ、ビジネスの中からファミリーの要素を取り除いた経営が、いかに脆いものであるかがわかりはじめてきています。

全企業数の97%、上場企業の53%がファミリービジネスと言われている日本で、長く繁栄を続けるファミリービジネスに共通して備わってきた強さを、これまで多くのファミリービジネスが取り入れてきませんでした。このことが、現在、多くの企業で経営者とビジネスモデルが「高齢化」し、後継者不足などの課題を抱え、黒字経営であっても、廃業せざるを得ないといった状況を生み出しているのではないでしょうか。

ファミリービジネスにおいて、永続的な経営が行える条件を整えるための経営実務書を目指した本書から、長期的視点の下、実践的で適切に経営する方策を理解していただくとともに、「幸せなファミリーが強いビジネスをつくる」というメッセージが多くの人々に伝わってほしいと願っています。

ところで、後に設立理事となる西川盛朗、武井一喜、馬場研二の3人が2009年にニューヨークで出会い、さらに階戸照雄が理事に加わって生まれたのが当協会です。私たちは欧米で進んでいる研究をベースに、世界最大の長寿企業大国である日本の老舗企業の良さを取り入れて、ハイブリッドで独自のカリキュラムを創り上げました。そして、日本で初めてのファミリービジネスアドバイザー資格認定講座を立ち上げ、定期的にセミナーを開催してきました。

これまで10年、多くのプロフェッショナルの方々に会員として参画していただき、卒業後も積極的にかかわっていただいたフェロー（資格認定証保持者）のみなさん、手弁当で運営にかかわってくれた執行役員や事務局などのみなさんのお陰で、協会の活動は盛り上がってきました。

今回、当協会の理事と執行役員・フェローを中心に23名の著者が自らの専門分野の知見と経験を持ち寄ってこの本ができました。当協会の多様性と専門性の深さを確認する内容になっているものと思います。日頃から協会の活動に自主的に取り組んでいただいているメンバーが、これだけ多くの著者となって書いてくださったことに心から感謝しています。

東京からスタートし、大阪と2拠点で開催してきた資格認定講座も、2020年の第8期から完全オンライン化することができて、全国各地から無理なく受講してもらえるようになりました。地方で頑張っているファミリービジネスを応援できる環境が整いました。私たちの協会の活動自体もスチュワードシップの感覚を持って、次世代につなげていけるよう、これからも多様性を大事にする組織運営を続けていきます。

編集者の村上直子さんには、多領域にわたる執筆内容の構成とすり合わせの労をとっていただき、ご苦労をおかけしましたが、彼女の踏ん張りがなければ、このような形で出版できなかったと思います。村上さんと生産性出版のみなさまに、執筆者一同より厚く御礼申し上げます。

一般社団法人　日本ファミリービジネスアドバイザー協会（ＦＢＡＡ）

理事長　西川　盛朗
理事　階戸　照雄
理事　武井　一喜
理事　馬場　研二

「FBAAファミリービジネス
アドバイザー資格認定講座」
https://fbaa.jp/certificate

著者プロフィール

一般社団法人日本ファミリーアドバイザー協会（FBAA）
ファミリービジネスアドバイザーの専門性確立によりファミリービジネスの持続的発展を支援し、地域社会の発展に寄与することを目的とする非営利団体。ファミリービジネスアドバイザー資格認定講座、セミナーなどをリアル/オンラインで開催。2012年設立。会員数約300名。 https://www.fbaa.jp

第1章　ファミリービジネスは「強く」なれる

西川盛朗（にしかわ もりお）**FBAA理事長〈総括＆14〜28ページ担当〉**
ファミリービジネス学会理事、ヨコハマコンサルティング株式会社代表。世界的なファミリービジネス・ジョンソン社の日本法人社長、会長、グローバル本社役員を歴任、FFIフェロー。FFIファミリービジネスアドバイザー資格認定証保持者。著書に『長く繁栄する同族企業の条件』（日本経営合理化協会出版局）ほか多数。 http://yokohamaconsulting.com

第2章　承継すべきは「ファミリー資本」

武井一喜（たけい かずよし）**FBAA理事〈第2章統括＆33〜66ページ担当〉**
WellSpring代表。ファミリービジネスコンサルタント。FFI上級ファミリービジネス/ウェルスアドバイザー資格認定証保持者。FFIフェロー。コンサルティング、講演、執筆などでファミリービジネスを支援。著書に『同族経営はなぜ3代で潰れるのか?』（クロスメディア・パブリッシング）ほか多数。 http://www.wellspring.co.jp

小川敬（おがわ たかし）
家系調査、家系図制作を専門とするハッピーメモリーズ株式会社にて主幹研究員としてファミリーアイデンティティの構築を目指す。家系調査活動と共に、これまで30年にわたる研究を伝えるため、講演会やカウンセリング活動を展開。著者に『ハッピーセラピー 読むだけで悩みが解ける 家系学』（日本メディアコーポレーション）がある。 info@kakeigaku.com

平林秀樹（ひらばやし ひでき）
株式会社グラスティ代表取締役。慶應義塾大学（工）卒業後、リクルート入社。大手企業の人的資源開発プロジェクトに多数参画。独立後、地方オーナー企業グループの経営改革や事業承継、家訓・家憲づくりや浸透などに取り組む。 https://grasty.jp

富士見 ユキオ（ふじみ ゆきお）
夫婦、家族セラピストとして31年目、ファイナンシャル・セラピスト、臨床心理士、交渉アナリスト1級 日本交渉協会認定、相続アドバイザー協議会認定会員、ニューヨーク州立大学（人類学）、米国トランスパーソナル心理学研究所MA（修士）、認定プロセスワーカー、明治大学大学院兼任講師、オーナー・コーチ。 gdmwx113@ybb.ne.jp

岸原 千雅子（きしはら ちかこ）
株式会社インテグリティ代表取締役、相談室アルケミア代表。臨床心理士、公認心理士。交渉アナリスト1級 日本交渉協会認定、相続アドバイザー協議会認定会員。お茶の水女子大学卒業。日本ホリスティック医学協会/日本トランスパーソナル学会理事。IFAアロマセラピスト。
http://www.alchemia.in

上田雅美（うえだ まさみ）
株式会社アネゴ企画代表。コーチ・ファミリービジネス アドバイザーとして、さまざまな組織やリーダー支援に20年に渡り従事。コーチ養成機関にて、プロコーチ育成や企業内のリーダー育成プログラムのコンサルティング、運営などを行う。
http://www.anego.biz

山田惇依（やまだ あつえ）
山田惇依公認会計士事務所代表。FFIファミリービジネスアドバイザー資格認定証保持者。監査法人および都内コンサルティング会社にて、事業承継を中心に従事した後、独立。

月崎 暁（つきざき さとる）
ツキザキ・コンサルティング・オフィス代表。日清製粉のBtoBビジネスで事業経験を積み、数々のファミリービジネスの経営者と接する。現在、事業承継プランナーとして後継者育成とファミリービジネスガバナンス構築の支援に取り組む。
https://moon-support.com

第3章 「アトツギ」はどう家業を引き継ぐのか

馬場研二（ばば けんじ）**FBAA理事〈第3章統括＆116～138ページ担当〉**
株式会社九州アジア経営研究所代表取締役。サイバー大学IT総合学部教授。(NPO) 日本MITベンチャーフォーラム理事。福岡をベースに東京・大阪・熊本などで経営アドバイザーとして活躍。老舗企業の社外取締役・監査役、ベンチャー企業の社外取締役・監査役・顧問を受任中。
https://kenjibaba.jp

祖川嗣朗（そがわ しろう）
2012年に広沢自動車学校に入社。組織改革と離職率改善に務め、2014年に創業以来初の地域シェアNO.1を達成。 以降、新規事業としてドローンや動画のスクールを開設。2020年10月より広沢自動車学校代表取締役を務める。
https://hirosawa-ds.com

酒井英之（さかい ひでゆき）
株式会社Ｖ字経営研究所代表取締役。「暗夜に一燈を灯す」をミッションに、次世代リーダーの「ビジョン開発」とその実現をサポートしている。名古屋大学経済学部大学院教員。著書に「後継者が先代カリスマを超えて最高業績を達成するチームV字経営」（日本経営合理化協会）他がある。
https://vjiken.com

末松大幸（すえまつ ひろゆき）
株式会社トップコーチングスタジアム代表。18歳のとき、父親の死去にともない2代目としてブラシの事業を引き継ぐ。その後、57歳のときに社長職を長男に譲り、自ら事業承継メンターコーチを天職と考え、コーチング会社を創業。
http://top-coach.jp/index.php

丸山祥子（まるやま さちこ）
株式会社フェリタスジャパン代表。家業の建設会社の承継・譲渡を経て、ファミリービジネス専門のファシリテーターとして独立。グロービス経営大学院修了。共著『創業三〇〇年の長寿企業はなぜ栄え続けるのか』（東洋経済新報社）がある。
https://trustbuilder.jp

若林泰（わかばやし やすし）
1953年生まれ。大手商社を定年後、2015年に株式会社VISIOを設立。社外取締役・社外監査役・顧問・大学理事・講師などを兼務。特に経営陣の対話を深めるためファシリテーション、コーチングなどの手法も活かし、持続的成長・企業価値向上の支援をしている。

第4章　オーナー家なら押さえておきたい経営の基礎

階戸照雄（しなと てるお）**FBAA理事〈第4章統括＆178〜199ページ担当〉**
日本大学大学院総合社会情報研究科教授。ファミリービジネス学会理事。INSEAD MBA、日本大学博士（国際関係）。みずほFG勤務後、朝日大学を経て、2006年より現職。ファミリーガバナンス論などの講義を行う。訳書に、『ファミリービジネス 最良の法則』（ファーストプレス）、編著に『ファミリーガバナンス』（中央経済社）ほかがある。
https://atlantic2.gssc.nihon-u.ac.jp/subject/faculty/m-2021/h30/shinatoteruo

阿部眞史（あべ まさし）
UBS証券株式会社ウェルス・マネジメント本部事業・財産承継チームヘッド。邦銀にて投資銀行部門、監査法人企業公開部門出向、プライベートバンキング部門。2006年UBS入社、2015年より現職。国際経営学修士（国際大学）。

第5章　事業を円滑にする外部との上手なつきあい方

大井大輔（おおい だいすけ）
株式会社日本FBMコンサルティング代表取締役。大阪大学工学部卒業、同大学院工学研究科生物工学専攻博士前期課程修了。ファミリービジネスコンサルティングや支援者の育成に従事。主な著書に『「経営」承継はまだか』（中央経済社）がある。
https://jfbmc.co.jp

徳山正康（とくやま まさやす）
テクノポート株式会社代表取締役。グロービス経営大学院（MBA）卒業。主に中小製造業のWebマーケティング、IT化支援、ブランディングなどを行う。業務の中で、数多くの同族企業を支援した実績がある。

松林博文（まつばやし ひろふみ）
個人の創造性発揮、次世代型組織開発をライフワークとする。ミラクリエイションCEO（チーフエンゲージメントオフィサー）。共著は、『未来の組織はエンゲージメントで決まる』ほか多数。1962年1月生まれ、鎌倉在住。趣味はサーフィン、トロピカルアート、ワイン。
hirofumi.matsubayashi@miracreation.co.jp

藤原健一（ふじはら けんいち）
みずほ銀行リテール法人推進部勤務。中小企業から大企業、地方公共団体を含めた法人取引を中心に従事し、2014年より中小企業の実態調査・支援に取り組む。東北大学法学部卒業、グロービス経営大学院MBA取得。
ttgdn310@yahoo.co.jp

女ヶ沢亘（めがさわ わたる）
株式会社ビジネスコーチ会計代表取締役。女ケ沢亘税理士行政書士事務所所長。大学卒業後、大和銀行（現りそな銀行）、大手会計事務所勤務を経て独立。著書『家族円満で進める事業承継成功術』（幻冬舎）ほか。
https://bctax.go-biz.jp

小林博之（こばやし ひろゆき）
株式会社ソーシャルキャピタルマネジメント代表取締役社長、日本工業大学専門職大学院客員教授。東京大学（法）卒業、カリフォルニア大学バークレー校MBA取得。企業戦略・M&A戦略・SDGs推進などに関する支援、企業研修プログラム開発、ファミリービジネス後継者育成支援などに従事。
https://www.social-capm.com

掲載順

FBAA理事長、理事以外の執筆者はすべて、
「FBAAファミリービジネスアドバイザー資格認定証保持者（FBAAフェロー）」

先代とアトツギが知っておきたい「ほんとうの事業承継」

2021年1月10日　初版第1刷発行 ©
2024年9月13日　　　第2刷

著　　者　一般社団法人日本ファミリービジネスアドバイザー協会(FBAA)編著
発 行 者　髙松克弘
編集担当　村上直子
発 行 所　生産性出版
〒102-8643 東京都千代田区平河町2-13-12
日本生産性本部
電話03(3511)4034
https://www.jpc-net.jp

印刷・製本　シナノパブリッシングプレス
装丁・本文デザイン　茂呂田剛（有限会社エムアンドケイ）

乱丁・落丁は生産性出版までお送りください。お取り替えいたします。
ISBN978-4-8201-2111-4 C2034
Printed in Japan